dumont taschenbücher

Jochen Maes, geboren 1947 in Apolda/Thüringen. Studium der Politischen Wissenschaften an der FU Berlin. Mitarbeit bei einer amerikanischen Nachrichtenagentur, bei Zeitschriften und beim Rundfunk. Zahlreiche dokumentarische und satirische Publikationen seit 1971. 1980 Gründung der Presseagentur PREMA.

Fahrradsucht

Jochen Maes

DuMont Buchverlag Köln

Umschlagvorderseite: »Cycles Sirius«, um 1900
Frontispiz: Karikatur aus »Punch«, 1902

CIP-Titelaufnahme der Deutschen Bibliothek

Maes, Jochen:
Fahrradsucht / Jochen Maes. – Erstveröff. – Köln : DuMont,
1989
    (DuMont-Taschenbücher ; Bd. 224)
    ISBN 3-7701-2292-5
NE: HST; GT

Erstveröffentlichung
© 1989 by DuMont Buchverlag, Köln
Alle Rechte vorbehalten
Satz und Druck: Rasch, Bramsche
Buchbinderische Verarbeitung: Bramscher Buchbinder Betriebe

Printed in Germany   ISBN 3-7701-2292-5

Inhaltsverzeichnis

Vorbemerkung und wissenschaftstheoretische Horizont-
abgreifung 8

Der erste Fahrradsüchtige: Freiherr von Drais 10

Zum Kampf gegen Modegifte und Modetorheiten –
Eine Standrede an die Deutschen 14

Ein Pionier der Fahrradsucht-Therapie:
Eugen Gelbsattel und sein Heilserum 18

Zur Biologie des Fahrradsuchterregers »Bikophylobacter« 34

Die Wirkungen körperlicher Überanstrengungen beim
Radfahren 37

Bahnbrechende Forschungsergebnisse des großen
Virchow in bezug auf Fahrradsucht 44

1912 – Sportwissenschaftler warnen vor der Fahrradsucht 51

Fahrradsucht und Entsittlichung 52
   Harmloser Beginn 52
   Verführung 55
   Auflösung von Ehe und Familie 57
   Das Fahrrad als Masturbationsobjekt 59

Der berühmteste Fall der Fahrradsuchtforschung:
Der »Fahrradmann« und sein Analytiker 64

Teil 1: Die Geschichte des »Fahrradmannes«, von ihm
selbst erzählt 64
Teil 2: Aus der Geschichte der infantilen Fahrradneurose . 70

Teil 3: 50 Jahre später – Rückblick auf den
»Fahrradmann« 73

Bilddokumentation zur Therapie der »Bikers Anonymous« 75

Die Klinik der Fahrradsucht 85
Bikomanischer Verfall 85
Gliedmaßenkatalepsie 87
Genetische Veränderungen 93
Psychische/Psychiatrische Veränderungen 94
Größenwahn 101
Vergleich: Mensch – Bikomane 103

Der Hölle entronnen –
Ein dramatischer Fahrradsucht-Roman 106

Klinische, psychiatrische und psychische Aspekte der Fahrradsucht nach dem Forschungsstand des Jahres 1928 . . . 122

Fotodokumentation zu den »Giganten der Landstraße« . . 123

Die Wahrheit über Fahrradfahrer –
Was die Soziologie uns sagt 131

Die Forschung geht neue Wege –
Mit modernsten Techniken den Fahrradsüchtigen auf der
Spur 140

Fotodokumentation 146

Suchtentstehungsmodelle im Wandel der Zeiten 164

Die Öffentlichkeitsarbeit der »Bikers Anonymous« 166

Maximen der »Bikers Anonymous« 169

Test der »Bikers Anonymous« 171

Schematische Darstellung zur
Geschichte der Fahrradsucht 173

Versuch eines endgültigen Epilogs 177

Danksagung 182

Abbildungsnachweis 183

Vorbemerkung und wissenschafts-theoretische Horizontabgreifung

Die Fahrradsucht ist von wenigen, aber über ihren fachlichen Bereich hinausschauenden Medizinern sowohl in ihren somatischen als auch psychischen Auswirkungen frühzeitig erkannt worden.

Ihr widmete sich beispielsweise in den letzten Jahren seines Lebens der berühmte Anthropologe und Pathologe (!) Rudolf Virchow.

Er verstand es – als der unstreitig bedeutendste Vertreter der modernen, die Physiologie und Zellularpathologie entwickelnden Medizin –, nicht nur die erschreckenden körperlichen Befunde bei Fahrradsucht zu erkennen und darzustellen, sondern ihm gelang es, auch die nationenspezifischen Auswirkungen der Sucht und deren kulturhistorischen Kontext einzubeziehen.

Virchow hatte als Krönung seines reichen Lebens die Herausgabe eines Standardwerks »Pathologie des Fahrradfahrens« geplant. Bruchstücke dieses Werks, das epochal hätte wirken müssen, sind erhalten; Virchow war es leider nicht vergönnt, es selbst zu vollenden.

Als an mich der Ruf herandrang, Virchows Arbeiten mit meinen eigenen Forschungen zu kombinieren, schreckte ich zunächst zurück; zu gewaltig erschien mir das Unterfangen.

Das Elend der Fahrradsüchtigen, die frechen Aktivitäten der Industrie, die Unbeholfenheit der Drogenberater, Ignoranz der Politiker und nicht zuletzt die Kontamination aller genannten Gruppen durch a) die Fahrradideologie und b) den Erreger der Fahrradsucht – den Bikophylobacter – das brachte mich dazu, doch den Schritt zur Herausgabe dieses Buches zu wagen.

In diesem Werk sind wesentliche Aspekte der Fahrradsucht über die Jahrzehnte abgehandelt; therapeutische Schritte sind eindrucksvoll gegangen und hier beschrieben worden; Irrwege werden aus den Dokumenten deutlich; freilich auch Wege, die zu beschreiten sinnvoll und adäquat wäre.

Es geht, wie ich meine im folgenden eindrucksvoll dargelegt zu haben, schließlich nicht um eine belanglose Sucht – es geht um das Überleben der Menschheit. Fatale bikomanische (fahrradsuchtbedingte) Mutationen deuten an, daß die Entwicklung des Menschengeschlechts – allein die Arbeit der Natur, die Millionen und Abermillionen Jahre dauerte (religiöse Aspekte mal ganz außer acht gelassen) –, von uns leichtfertig aufs Spiel gesetzt wird.

Die Menschen gehen mit dieser Welt um, als hätten sie ein Fahrrad im Kofferraum, hieß es einst. Erst wenn das Fahrrad gänzlich ausgerottet ist wie die Pest und sichergestellt ist, daß das Fahrrad nie wieder seine Speichen glätten, seine Sattel und Lenker frech in die Atmosphäre bohren und ein Loch nach dem anderen der schützenden Lufthülle zufügen kann, erst dann können wir Überlebenden aufatmen.

Jochen Maes

Der erste Fahrradsüchtige:
Freiherr von Drais

Freiherr von Drais (Karl Friedrich Freiherr Drais von Sauerbronn, badischer Forstmeister, 1785–1851, verstorben an Fahrradsucht) gilt als der Erfinder des Laufrads. Über ihn heißt es, er habe einen lebenslänglichen Kampf um das Rad geführt.

Was die profitgierige Industrie aber verschweigt, ist die Tatsache, daß Freiherr von Drais fahrradsüchtig wurde und letztlich im Wahnsinn endete. Die vielen Symptome der Polyconditiomanie mit ausgeprägter Bikomanie finden in zeitgenössischen Darstellungen heute noch ihren erschütternden Ausdruck.

In dem Buch »Das Rad erobert die Welt. Geschichte der Erfindung des Fahrrades« von Georg Rudolf (Verlag Otto Walter AG, Olten und Freiburg im Breisgau 1952) wird der Verfall des fahrradsüchtigen Freiherrn eindrucksvoll beschrieben:

»Im Laufe der Jahre sank Drais von Stufe zu Stufe. Schließlich war er nichts als eine tragikomische Figur im Straßenbild Karlsruhes, eine Art Narr, den man den Fremden zeigte. Man hatte ihm den Beinamen ›der verrückte Baron‹ beigelegt und erniedrigte ihn zu einem Clown, der Kunststücke auf seinem Rad vollführen mußte, um ein paar Münzen zu ergattern. Je schwieriger die Aufgaben waren, die man ihm stellte, desto verbissener unterzog er sich ihnen; er fuhr die Treppe zum Ratskeller hinab, stürzte zwar dabei und verletzte sich empfindlich, wiederholte das Wagnis aber, wann immer er einen viertel Taler damit verdienen konnte. (. . .) Er nahm gerade so viel ein, daß er nicht zu verhungern brauchte. So lebte er Jahr um Jahr in Dürftigkeit dahin, bis er sich alt werden fühlte, und damit seine Gelenkigkeit schwand. Da die Leistungen, zu denen das Stadtpublikum ihn anspornte, schließlich ans Halsbrecherische grenzten, verlegte er sein Tätigkeitsfeld in die Dörfer und Weiler, wo er sich auf den Marktplätzen sehen ließ und meistens einen

Schon als Kind machte Freiherr von Drais einen intellektuell etwas flachen Eindruck. Später wollte er nichts Geringeres als die Weltherrschaft.

Hut voller Groschen einnahm. Was in der warmen Jahreszeit zufloß, mußte reichen, um den Winter durchzustehen, denn wenn die Straßen vereist waren, kamen die Leute nicht hinterm Ofen vor, um zuzusehen, wie jemand auf einer sonderbaren Maschine Kapriolen machte.«

Der Freiherr endet, berauscht von Fusel und der fahrradsuchtbedingten Unfähigkeit, die Realität zu erkennen. Im erschütternden Werk von Georg Rudolf heißt es:

»An einem kalten Dezemberabend saß Drais in einer Kneipe. Vor ihm stand ein Glas Branntwein, sein letzter Tröster. Für den billigen Fusel reichten seine Mittel; um die Kammer zu heizen, in der er hauste, aber nicht. So hatte er sich in die warme Gaststube geflüchtet und las das ›Badische Magazin‹. Dabei entging es ihm nicht, daß die Leute an den Nebentischen über ihn tuschelten und einander die Geschichte seines Lebens erzählten. Er war das gewohnt. Nachgerade galt er als ein Karlsruher Original, das man zwar ernst nahm, das aber doch nur fast Berühmtheit genoß.

Mit einem Mal sahen die Gäste des Lokals überrascht nach dem Tisch des einsamen alten Mannes, der aufgesprungen war, mit der Zeitung in der Luft herumfuchtelte und in höchster Erregung Worte hervorstieß, die zunächst keinen Sinn gaben. Erst nach und nach begriffen die Umsitzenden, wovon er sprach.

›Da habt ihrs (...) schwarz auf weiß!‹ hörte man ihn sagen. ›Wer hat nun recht behalten! Mein ganzes Leben hat man mich verlacht! Das Laufrad – und gerade die Briten! 30 Jahre habe ich dafür gekämpft! Fragt den Zaren, ob ich ihn nicht damals schon – die Armee... die Armee! Wer kann sich mit solchen Truppen messen? Keiner! Und jetzt haben es die Engländer erfaßt! *Mein* Laufrad... *Meine* Maschine. – So war doch nicht alles umsonst! So habe ich doch zum Schluß gesiegt –.‹

Das letzte Wort ging in ein Gurgeln über. Drais griff sich nach der Brust, schwankte und stürzte vornüber. Von allen Seiten liefen Leute herbei, hoben ihn auf, rieben seine Schläfen mit Branntwein – aber vergebens. Das Herz stand still. Das Übermaß der Freude war zuviel für ihn gewesen...

Dem wirklichen Erfinder aber war, nach einem Leben voller Enttäuschungen, wenigstens ein schöner Tod beschieden. Im Glauben, daß die Zeitungsmeldung sich auf ihn bezog, ging er hinüber – in seinen letzten Augenblicken ein glücklicher Mensch.«

Freiherr von Drais starb an Dementia Praecox Bikomania – fahrradsuchtbedingtem Frühschwachsinn.

»Nachdem man den Toten fortgeschafft hatte, griffen zwei Herren nach der Zeitung, die Drais zuletzt gelesen hatte. Die Meldung, die zum Tode des Freiherrn geführt hatte, lautete:

›In den Kämpfen auf Neuseeland hat die englische Heeresverwaltung zum ersten Mal Laufräder eingesetzt, die sich ausgezeichnet bewährten.‹

Drais hatte nicht mehr bis zu der Stelle gelesen, in der es hieß:

›Die Eingeborenen wurden durch den Anblick der Maschinen in Schrecken versetzt und flüchteten.‹«

So war es also nicht das Laufrad, sondern der ungewohnte Anblick, der den Engländern bei ihrem Feldzug half.

Damit aber war der Weg zum Militarismus geebnet. Die folgenden Jahrzehnte sollten zeigen, daß der Imperialismus erst durch das Fahrrad ermöglicht wurde. Und wieder Jahrzehnte dauerte es, bis dieser Nachweis geführt und der Menschheit offenbart werden konnte.

*Der Freiherr, kurz vor seinem Ableben,
gezeichnet von bikomanischer Idiotie.*

Zum Kampf gegen Modegifte und Modetorheiten – eine Standrede an die Deutschen

von ***
(Verfasser war vermutlich ein Mitglied des preußischen Herrscherhauses)

Einst war es lustig, am Sonntag über Land zu gehen. In früheren Zeiten waren jüngere Leute harmlos heiter über Felder und Wiesen, durch Gärten, Wälder und Auen gewandelt, hatten frohe Lieder gesungen, muntere Spiele getrieben, aneinander ihre Körperkraft geübt, wobei es nicht allemal glimpflich abgegangen ist. Übermut hat es freilich auch gegeben, aber keine Feindschaft. Die älteren Leute hatten beschauliche Sonntagsruhe gepflegt, in einem Buch gelesen, oder sich einfach an dem Blühen der Blumen, dem Summen der Bienen, dem Reifen der Früchte erfreut.

Heute kann man nach einer solchen Idylle lange suchen – man wird sie nicht finden.

Überall stößt man jetzt, sonntags und werktags, auf Betrunkene, Unflätige, Schamlose, kurz: Fahrradsüchtige. Der höllische Geist, der diese Kreaturen treibt, heißt längst nicht mehr Satan oder Luzifer, er heißt Fahrrad. Der höllische Geist klingt und lockt, es blitzen die Speichen in der Sonne, aber sie schüren ein Feuer, dessen erster Funke begeistert, der aber wenig später den gesamten Dachstuhl in Brand gesetzt haben wird.

Der Bauer fährt, um seine mißliche Situation zu vergessen. Er fährt lustig, lustig ins wirtschaftliche Elend hinein, und dann will er aus diesem Elend wieder herausfahren. Er fährt, um sich zu betäuben, um die Arbeit nicht mehr zu sehen. Wie ein Verrückter rast er seinen Acker hinauf und hinunter, anstatt seine knorrigen Hände an den Pflug zu legen oder zu säen.

Der Knecht, der Arbeiter, der Geselle, jene Lotterlumpen der Großstadt, haben gehört, der Mensch lebe nur einmal, und daraus schließen jene Kleingeister, daß es schon ganz schön dumm wäre, sich selbst die Beine zu verschränken und nicht auf das Rad zu steigen. Sie fahren, schwelgen, huren – sie scheren sich nicht darum, was später kommt. Sie sind zu schwach geworden, sich etwas zu versagen; sie sind moralisch entkräftet, so daß sie sich vom erstbesten (besser: erstschlechtesten) Gelüste in jeglichen Sumpf werfen lassen. Sie haben keine Stärke mehr, kein Licht leuchtet ihnen.

Ach, wie »lustig« ist es, wenn sich die Fahrradsüchtigen treffen. Der Qualm abgefahrener Reifen, der Dunst von Fusel, von Tabak, hängt in den engen Räumen. Wüstes, sinnloses Geschrei, anzügliche Reden und Gebärden zwischen den beiden Geschlechtern wechseln mit prahlerischen Beschreibungen des eigenen Rades ab. Es kommt zu Zorn, zu Gewalttaten. Alle Laster werden um das Rad herum geschmiedet. Wenn man – wagte man sich in eine Fahrradhöhle – angeekelt wieder hinausstürzt auf den Hof, so dankt man dem Vieh, daß es noch nicht wie die Menschen geworden ist.

Dann haben wir die Person des Dealers. Mittendrin hockt der Fahrradhändler in diesem Hexenkessel. Er ahnt, was er anrichtet, aber die Habsucht hat ihn zum Verkäufer des Giftes gemacht. Er vermag die wahnwitzigen, gewalttätigen Gesellen beiderlei Geschlechts nicht mehr zu bändigen. Sein Geschäft ist ein Irrenhaus geworden, voll von Tobsüchtigen. Wie man mit den Wölfen heulen muß, so muß er mit den Süchtigen aufs Rad. Vielleicht versucht er, die Übelsten der Kerle mit List und Tücke hinauszujagen, sich ihrer zu entledigen, doch dann denkt er wieder an seinen prallen Bauch und sein Geldsäckel, welche beide voll werden müssen. Irgendwann, so mag es ihm ahnen, wird er als Lump mit den Lumpen zugrunde gehen, aber noch stört ihn das nicht.

Auf den Straßen selbst der friedlichsten Dörfer winden sich die Süchtigen in Krämpfen auf dem Boden. Hemmungslos attackieren sie einander mit ihren Rädern. Die Sprache ist noch nicht reich genug, das Geschehen wiederzugeben. Ein Kretin ist ein Weiser im Vergleich zu den Schwätzern und haltlosen Elementen, die der Bikomanie verfallen sind, die mit ihrer Kraft prahlen, mit ihren 18-Gang-Rädern, während sie willenlos in den Graben taumeln.

Süchtige Menschen! Zum Tier entartete Wesen, und das unter der Obhut des Staates! Der Staat bestraft Verführer, bestraft die Gotteslästerer, die Majestätsbeleidiger, die Verleumder und die Selbstschänder. Er bestraft aber nicht die Bikomanen, die alle Laster in sich vereinen. Was muß doch die Fahrradsucht für eine heilige Sache sein, daß die

Richter sie selbst bei Verbrechen als Milderungsgrund gelten lassen!

Darf das aber so bleiben?

Der Staat mischt sich doch sonst überall ein und spielt den Zuchtmeister. Es kann doch wohl nicht angehen, daß wegen der Steuern nichts gegen die Bikomanie unternommen wird. Erst die Bürger zu schädigen und dann aus den Steuern wieder Irrenhäuser, Zuchthäuser zu bauen – das wäre tatsächlich zu dumm.

Oder liegt es daran, daß jene Herrschaften an der Spitze des Staates gar nicht wissen, wie die Fahrradsucht in unserem Volk überhand nimmt und welche Folgen das hat?

Ist denn nicht bekannt, wie ungeheuer die Nervosität zugenommen hat, wie die Irrenanstalten überbevölkert werden; sieht man denn nur die »aufblühende« Fahrradindustrie?

Die Regierung zuckt mit den Achseln und schweigt. Die Erziehung zum Fahrradfahren sei eben eine Sache der Schule, heißt es. Die tut sicher, was sie kann; das Fahrrad als solches kann aber die Schule nicht verändern oder verhindern. Angst hat man auch davor, daß die Fahrrad- und Fahrradteile-Industrie den Staat mit Klagen überzieht. Also läßt man den Rädern ihren verheerenden Lauf.

Allerdings sind die Menschen, ist die Menschheit als solche, nicht so abgestumpft wie unser Volk.

Einsichtsvolle Völker, wie die Engländer oder Amerikaner, sind uns in der Bekämpfung der Fahrradsucht weit voraus. Die Erfolge der »Bikers Anonymous« in den Vereinigten Staaten sind unglaublich groß. Aber hier? Das Fahrradfahren ist zu einem förmlichen Kultus erhoben worden. Mit Fanatismus wird es ausgeübt. Nichts leisten die Taugenichtse mit solchem Eifer und solcher Gewissenhaftigkeit wie das Fahrradfahren. Alles, was sich darum gruppiert, ist Nebensache. Es geht um das Fahrradfahren, um nichts weiter; nicht um Geselligkeit, nicht um Genuß, nicht um Naturerlebnis.

Die »Platten«, die sich der Fahrradsüchtige auf seinen Touren zufügt, sie kriechen letztlich ins Gehirn und machen es platt. Die hemmungslose Tröterei, die Klingelei, mit der er die Fußgänger schreckt, knallt ihm um die Ohren. Immer wieder steigt er aufs Rad, meint, daß ein »bißchen« nicht schade; er wird hinweggerissen von der Sucht, er wird vom Menschen zum Gott – so scheint er zu meinen – und merkt nicht, wie schnell er zum Tier herabsinkt.

Nichts opfern die Deutschen dieser Zeit auch nur im entferntesten so viel an Geld, Zeit, Gesundheit und Vernunft wie dem Fahrradfahren.

Ein englischer Nationalökonom hat errechnet, daß der wahre Deutsche die Hälfte seines Lebens auf dem Fahrrad oder im Kreise der Fahrradkumpane verbringt, die Hälfte seiner Gesundheit dort vergeudet, und letztlich elendig in den Fahrrad-Fanclubs versumpft.

Nun kann man sagen, daß die Deutschen hier etwas schwerfällig seien, daß sie erst einen Reiz wie den des Fahrrades nötig hätten, bis sie jenem Deutschen entsprechen, den sie so gerne sehen: anstatt aber sich anregen zu lassen, verfallen sie der Sucht. Sie sinken, auch wenn sie durch Felder und Wälder rasen, in geistige Umnachtung, in Blasiertheit und Lebensunlust. In diesem Abgrund zu versinken sind wir in Gefahr, wenn nicht endlich Gesetzgeber, Kirche und Schule mit allen Kräften zusammenwirken, dem Verderben Einhalt zu gebieten.

Weg mit dem Fahrrad! Weg mit dem Fahrrad, ohne Volksabstimmung, ohne die Umfrage, ob es den Millionen Süchtigen auch Recht sei. Weg damit! Eigenmächtig, wie bei einem Staatsstreich oder wie bei einer Schlacht muß die Führung des Landes das Fahrradfahren verbieten und mißachten den Hagel von Flüchen, der auf sie niederprasseln wird. Aus den Flüchen wird in kurzer Zeit ein warmer Regen des Sieges werden.

Ein Pionier der Fahrradsucht-Therapie: Eugen Gelbsattel und sein Heilserum

Es sind stets außergewöhnliche Menschen, die Pionierleistungen vollbringen, von denen die Menschheit noch Jahrhunderte, Jahrtausende später sprechen wird.

Eugen Gelbsattel, geboren 1857, Professor für Grenzüberschreitende Gebiete der Veterinär- und Humanmedizin an der Kaiserlichen Universität Berlin-Dalldorf, war so ein Mensch.

In unermüdlicher Anstrengung, stets Anfeindungen von inkompetenten Neidern wie Prof. Rudolf Koch und anderen ausgesetzt, schaffte es Gelbsattel, allen Unkenrufen zum Trotz, dem Erreger der Fahrradsucht auf die Spur zu kommen. Der Bikophylobacter wurde von ihm entdeckt, beschrieben, bekämpft. Die Mutationsforschung – der Bikophylobacter verändert sich immer noch! – macht heute den wesentlichen Schwerpunkt der Grenzüberschreitenden Medizin aus.

Wie heroisch die Lebensleistung Gelbsattels ist, läßt sich aus jenen Dokumenten ersehen, die jetzt erstmals der Öffentlichkeit vorgelegt werden können. Nicht nur Unverständnis, nein, auch menschliche Tragödien zeichnen sich immer wieder ab. Seine geliebte Amalie, Tochter eines dänischen Fahrradfabrikanten, hatte ihn vor die Alternative gestellt: Heirat oder Weiterarbeit an der Bekämpfung der Fahrradsucht. Gelbsattel bat, flehte um Verständnis: vergebens.

Amalie gab ihm den Laufpaß, und das in einer Situation, in der Gelbsattel körperlich wie psychisch unter enormem Streß sowie an hochgradiger Bikophylobacter-Infektion litt.

Die gesammelten Briefe des Eugen Gelbsattel sind viel mehr als die Huldigung einer der Größen der Suchtgeschichte. Sie und die vielen Schreiben an den großen Mann aus Berlin-Dalldorf sind zugleich ein einzigartiges Zeitdokument. Natürlich ist es eine zumindest ebenbürtige verlegerische Tat, die erschütternden Beweisstücke für wissenschaftliche Größe (Gelbsattel) und menschliches Knickertum (alle anderen) auszubreiten. Also:

Suchte man den Hauch der Geschichte – in diesen Blättern weht, nein: bläst er den aufgeschlossenen Leser an.

1. Schreiben:
Prof. Eugen Gelbsattel an John Wheel (John Wheel ist Gründer der Selbsthilfeorganisation »Bikers Anonymous«), Helena, Montana, USA

Hochgeehrter Herr Kollege!
Ihrer geschätzten Darstellung in der Zeitschrift »Science« entnehme ich, daß Sie als Erreger der Fahrradsucht eine »unheimliche Macht« ausgemacht haben. Erlaube mir, Ihnen beiliegendes Manuskript »Mutierender Bikophylobacter als dependierendes Medium« zu widmen.
Mit bestem Gruß
Prof. Eugen Gelbsattel

2. Schreiben:
Prof. Eugen Gelbsattel an Prof. Robert Koch

Sehr geehrter Herr Kollege!
Meine Stellungnahme zu Ihren fernen Arbeiten über die Fahrradsuchtfrage ist keineswegs eine so feindliche, wie Sie annehmen. In meiner Schrift »Mutierender Bikophylobacter als dependierendes Medium« habe ich Ihre Anregung, Mutationen zu verfolgen, aufgegriffen.
    Weiteres können wir in einer mündlichen Aussprache bereinigen. Ich bitte Sie daher in meine Praxis, am besten in der Zeit ab 18 Uhr.
Ihr Gelbsattel

3. Schreiben:
Prof. Robert Koch an Prof. Eugen Gelbsattel

Sehr geehrter Herr Kollege!
Dank für Ihre Arbeit. Ich werde diese möglicherweise, falls mir nichts Besseres einfällt, eventuell gelegentlich lesen. Nach Anmeldung stehen Ihnen mein 8. Assistenzarzt, cand. med. Stumpfer, sowie meine 3. Sekretärin zur fachlichen Beratung zur Verfügung.
Hochachtungsvoll
Ihr Robert Koch

Wie so oft: Es war ein Jugenderlebnis, das den späteren Forscher Eugen Gelbsattel prägte. Hinter jenem Vorfall, wie er im Bild dargestellt wird, vermutete Gelbsattel damals: »Irgendwas«. 25 Jahre später wurde »Irgendwas« als der »Bikophylobacter« entlarvt.

4. Schreiben:
John Wheel an Prof. Eugen Gelbsattel (Übersetzung)

Lieber Gelbsattel,
bitte haben Sie Nachsicht, daß ich so lange nicht für Ihre sehr wertvollen Papiere danken konnte, die Sie mir freundlicherweise zukommen ließen, und deren Lektüre mir ein großes Vergnügen bereitete.

Bei aller Wertschätzung Ihrer Arbeit kann ich Ihnen mitteilen, daß Ihre Vermutung in die Irre führt, was die Situation in Montana angeht. Hier sind Bikophylobacter noch nicht nachgewiesen worden. Sie können also nicht die Erreger der Fahrradsucht sein. Allerdings haben wir eine der Ihren identische Symptomatik.
Ihr sehr ergebener
John Wheel

5. Schreiben:
Dr. Brummel an Prof. Eugen Gelbsattel

Sehr geehrter Herr Kollege!
Bezüglich meiner heutigen Serumsendung an Ihr Labor habe ich zunächst mitzuteilen, daß die eingereichten Proben, kontaminiert mit mutierendem Bikophylobacter, ca. 200 ccm Serum, sich in einer Mischung von Hammelserum Nr. 37 und Nr. 19 befinden und daß der Wert dem zweifachen des Normalserums (N II) entspricht.

Für die statistische Auswertung habe ich folgende Überlegung:
Teilen Sie doch bitte mit, welche der fahrradsüchtigen Hammel
a) aufgenommen wurden
b) Stenosen eventuell mit Tubage aufgewiesen haben
c) gestorben sind
d) geheilt wurden
e) weiter krank blieben.
Wie weit sind Sie mit dem Serum gekommen?

Bislang meinte ich, daß von der Fahrradsucht nur Menschen befallen werden; offenbar haben Sie auch fahrradsüchtige Hammel unter Ihrem Patientengut. Ist das richtig interpretiert?
Mit hochachtungsvollen Grüßen
Brummel, Dr. med.

Immer wieder erlitt Gelbsattel buchstäblich Rück- und Niederschläge und mußte mehr als einmal wieder ganz von vorne anfangen, um überhaupt weiterzukommen.

6. Schreiben:
Prof. Eugen Gelbsattel an seinen Assistenten Matschke, von Bord Seiner Majestät Schiff Juliana Viktoria, Hamburg-Amerika-Linie

Lieber Matschke!
Von Berlin über Wanne-Eickel nach Paris, weiter nach Rom, weiter nach Monte Carlo, war ich in einer eigenartigen Stimmung. Aus derselben heraus etwas von mir zu geben, wäre nicht gut gewesen. Das Gezänk zu Hause hat mich doch sehr beeindruckt. Koch ist ekelhaft. Aber in den klaren Nächten auf dem Vorderdeck, in der Stille der Nacht, auf dem Meer überhaupt, da lernt man, in feuchteren Dimensionen zu denken.

Raten Sie mir! Die Fahrradsucht ist so weit entfernt, wie alles auf dem Land. Muß ich mich denn weiter quälen, kleinlich, erdgebunden denken

und handeln und immer und immer und nur und ständig nach den kleinen Erregern suchen, wo es doch so viel größere Dinge gibt?
Grüße mir Amalie und die Deinigen.
Dein ratloser Eugen

7. Schreiben:
Telegramm Matschke an Prof. Eugen Gelbsattel, an Bord SMS Juliana Viktoria

Gelbsattel! – *Unbedingt* weitermachen – Menschheit braucht Sie – Verliere sonst Stelle – Matschke, Dalldorf

8. Schreiben:
Prof. Schnorr an Prof. Eugen Gelbsattel

Hochverehrter Herr Geheimrat,
mit größtem Interesse haben meine Mitarbeiter und ich immer wieder Ihren sensationellen Artikel »Mutierender Bikophylobacter als dependierendes Medium« gelesen. Großartig, Ihre Analyse.
    Bei dieser Gelegenheit erlaube ich mir, Ihnen einige persönliche Überlegungen vorzutragen.
    Natürlich müßte man die Fahrradsucht groß herausbringen, wo Sie jetzt ja auch ein Serum dagegen herstellen wollen. Ich dachte daran, hierfür einen Lehrstuhl einzurichten, den ich besetzen würde. Wie Sie wissen, ist in Marburg die Nachfolge von Bumske und in Köln die von Ruppke ungeklärt. In Köln haben es meine Widersacher verstanden, mich nicht einmal auf die Berufungsliste setzen zu lassen! In Marburg rechne ich mir auch wenig aus. Leider, wie Sie wissen, erfreuen sich die Ordinarien an den anderen Fakultäten unseres Faches noch bester Gesundheit, so daß nur ein Totschlag, Mord oder Unfall mir bei meiner weiteren akademischen Karriere helfen könnte.
    Ich dachte daran, daß Sie das Gesundheitsamt einschalten könnten. Sie haben dahin doch beste Verbindungen, auch zum Amt für Fahrradwege.
    Wir müßten alle Fahrradwege einer ständigen Desinfektion unterwerfen. Könnten Herr Geheimrat sich für mich als Leiter eines solchen

Institutes verwenden, was beim Gesundheitsamt angesiedelt sein müßte? Ich muß meiner Frau über den Professorentitel hinaus endlich etwas bieten.

Mit freundlichen Grüßen

Schnorr

9. Schreiben:

Prof. Eugen Gelbsattel an John Wheel

Lieber Wheel,

über Ihren liebenswürdigen Gruß, dessen Emfpang ich dankend bestätige, möchte ich meine Freude ausdrücken. Seit unserer Begegnung in Helena habe ich so viel von Ihnen gelernt, daß ich immer noch davon zehre. Ihre Beschreibung der Pathologie der Fahrradsüchtigen bereitet mir immer noch großes Entzücken.

Allerdings müssen Sie gravierende Fehler gemacht haben. Selbstverständlich gibt es den Bikophylobacter in Montana. Hieran kann nicht der geringste Zweifel bestehen. Denn sonst könnte es ja keine Fahrradsüchtigen bei Ihnen geben.

Mit der Bitte, Ihren Mitarbeitern meine besten Empfehlungen auszurichten, verbleibe ich in größter Verehrung.

Eugen G.

10. Schreiben:

Deutsche Reichsstelle zur Verbreitung untauglicher Suchtbegriffe (Hamm i. W.) an Prof. Eugen Gelbsattel

Sehr geehrter Herr Geheimrat!

Wie Sie wissen, ist obige Reichsstelle seit einigen Jahrzehnten bemüht, die Einrichtungen der ihr angeschlossenen Mitgliedsverbände mit Klienten jeder Art zu füllen.

Ihre grandiose Entdeckung des Bikophylobacters und die Entwicklung eines Gegenserums lassen uns die Frage stellen, ob Sie einer Zusammenarbeit nahe treten könnten. Wir würden unsere Öffentlichkeitsarbeit verstärkt dem Bikophylobacter und dessen Folgen widmen und zugleich auf Ihr Heilserum hinweisen. Erfahrungsgemäß kann der

Oft wußte Eugen von Gelbsattel nicht, was die Ursache seiner Bikomanie war. An ein Bakterium oder einen Virus dachte er noch nicht.

Absatz des Produktes durch unsere Mithilfe erheblich, in einigen Fällen um hundert Prozent, gesteigert werden. Wir haben ja auch bei fast Null Klienten (und die auch nur Fehldiagnosen) Tausende von Therapeutenstellen geschaffen.

Unser Kuratorium ist so zusammengesetzt, daß alle relevanten Unternehmungen unserer Industrie hierin vertreten sind und sich nicht weh tun.

Steiner, Direktor und Geschäftsführer / Marketing Suchtbegriffe

11. Schreiben:
Prof. Eugen Gelbsattel an Wheel

Lieber Wheel,
im Nachtrag zu meinem Schreiben noch eine Frage. Ich habe erfahren, daß Sie herausgefunden haben, der Fahrradsucht-Erreger »infected heart and soul«.

Könnten Sie mir Einzelheiten über den Gang der Infektion mitteilen? Wo würden Sie die Seele lokalisieren? Hier wird diskutiert, ob die Seele in den serösen Höhlen einen wechselnden Sitz hat. Der Zellenwechsel würde ja auch der Dynamik der Fahrradsucht entsprechen.

Wie denken Sie darüber?

Ihr Eugen G.

12. Schreiben:
Prof. Meyer (Lübeck) an Prof. Eugen Gelbsattel

Hochverehrter Herr Kollege!
Haben Sie schon einmal daran gedacht, die Versuche mit dem Bikophylobacterserum auch an Kindern zu machen? Vielleicht spielen hier noch andere Erreger eine Rolle. Versuche mit Kindern bieten sich geradezu an, weil die Lebensgeschichte derselben ja leicht rekonstruierbar ist und subjektive Einschätzungsfaktoren wie bei Erwachsenen wegfallen.

Falls Sie meinen Vorschlag für obsolet halten oder er Ihnen aus anderen Gründen nicht konveniert, antworten Sie mir bitte nicht.

Mit vielen Grüßen *von Rad zu Rad*
Ihr Ihnen ergebener
Prof. mult. Meyer,
Hansestadt Lübeck

13. Schreiben:
Prof. Eugen Gelbsattel, privatim an Amalie, Verlobte des Prof. Gelbsattel

Geliebtes Herzblatt!
Es war so traurig, daß ich das Weihnachtsfest ohne Dich verleben mußte.

Mir geht es wieder gut. In mir fluten Gefühle der Hoffnung, der Kraft und Leistungsfähigkeit, und je mehr ich der Lösung (= Serum) näherkomme, um so stärker wird das Gefühl.

Mein Bikophylobacterserum wird großartig. Unsere bisherigen Maßnahmen, so erfolgreich sie auch waren, werden sich damit nicht messen können. Es ist mir bereits gelungen, Hamster vom Laufen im Rad abzubringen – und dies in einem Fall 52 Tage lang.

Am 13. Februar 1912 bin ich bei den Farbwerken Main, dann bei den Fabriken Rhein. Beide haben Mittel (Werbung) in Aussicht gestellt. Danach hoffe ich, Dich endlich einmal wiedersehen zu können.
In ewiger Liebe!

Noch ist Gelbsattel Optimist, noch glaubt er, baldigst seine Amalie ehelichen zu können. Wir erleben den Forscher voller Vitalität, Unternehmungsgeist und Schwung.

14. Schreiben:
Prof. Haselmaus an Prof. Eugen Gelbsattel

Lieber, hochverehrter Freund!
Nehmen Sie meinen herzlichen Dank entgegen für die Übersendung Ihrer Schrift über den Bikophylobacter.

Auch ich werde in die Weltgeschichte eintreten. Meine Arbeit wird den Titel tragen: »Das Emporwachsen der Bakterien vom Urschlamm in die Gegenwart und ihr Wandel im Wandel der Zeit.«

Der erste Band soll dieses Jahr herauskommen.

Was wäre es Ihnen wert, wenn ich den Bikophylobacter einbaue? Ich würde Ihnen mit Vergnügen einen Gefallen tun.

Wie befindet sich Fräulein Amalie? Geben Sie ihr tausend Empfehlungen.

Sie selbst, hochverehrter Freund, grüße ich in stets freundschaftlicher Verehrung und Erwartung eines Honorarangebotes.
Herzlich als Ihr
Haselmaus

15. Schreiben:
John Wheel an Prof. Eugen Gelbsattel

Lieber Gelbsattel,
habe die Anfrage erhalten. Das mit der Infektion ist im übertragenen Sinne gemeint.

Bikophylobacter gibt es hier nicht. Es sei denn, sie seien so mutiert, daß man sie nicht mehr als Bikophylobacter bezeichnen kann.
Herzlichst
John Wheel

16. Schreiben:
Prof. Eugen Gelbsattel an John Wheel

Lieber Wheel,
habe Antwort erhalten. Sie haben Frage nicht verstanden: In welchem Sinne geschieht denn die Übertragung der Erreger? Wenn wir den

Übertragungsweg kennen, könnten wir vielleicht dort angreifen. Dies ist ja wichtig, wenn man, wie bei Ihnen in Montana, keinen Erreger hat. Dann muß man wenigstens seine Bahnen zerstören können.
Ergebenst
Gelbsattel (nach Diktat verreist)

17. Schreiben:
F. Gabler (PR-Bureau Dalldorf) an Prof. Eugen Gelbsattel

Lieber Gelbsattel!
Mit herzlicher, aufrichtiger Anteilnahme habe ich gehört, daß Du im Labor einen Unfall hattest und vom Fahrrad gefallen bist. Ich kann mir vorstellen, wie sehr Dir der Oberschenkelhals-Trümmerbruch zu schaffen macht, gerade jetzt, wo Du doch die neue Immunisierungstechnik entwickeln willst. Wie geht es mit dem Gehapparat? Sicher ist das beschwerlicher, als das Fahrrad im Labor zu benutzen.

Eugen Gelbsattel auf dem Weg in sein Institut, wo er fieberhaft an der Entwicklung des Serums arbeitete.

Ich habe mit Hoppske vom »Centralblatt« gesprochen. Sie scheinen dort Deine Schrift boykottieren zu wollen. Ich will beim nächsten Kongreß in London etwas Reklame für den Bikophylobacter und Dein Serum machen. Dann werden die in Berlin nicht mehr Zensur ausüben können.

PR-Bureau Gabler

Dein Fritz

18. Schreiben:
John Wheel an Prof. Eugen Gelbsattel

Lieber Gelbsattel,
anbei die Grundsatzerklärung der »Bikers Anonymous«. Aus ihr geht alles über die Übertragung hervor.

Yours

John

19. Schreiben:
Amalie F. an Prof. Eugen Gelbsattel

Mein Herr!

Es wird Sie kaum verwundern, daß ich mit diesen Zeilen unser bisher bestehendes Verlöbnis auflöse. Sie selbst haben mich durch Ihr Benehmen auf das Tiefste gekränkt und beleidigt und mich zu dem Entschluß gezwungen, das einst leichtfertig gegebene Ja-Wort zurückzunehmen. Sie sollen Ihre Freiheit haben, ich bewahre mir die meinige.

Einstmals bewunderte ich Sie, weil Sie sich die Bekämpfung der Fahrradsucht – Hilfe für Millionen Menschen – zur Aufgabe angelegen sein ließen. Jetzt aber weiß ich, daß Sie selbst ein haltloser Psychopath, ein Fahrradsüchtiger sind, der nicht einmal an der heiligen Stätte der Arbeit auf das Suchtmittel verzichten kann. Daß dies Ihrem Oberschenkelhals nicht gut bekam, das erfüllt mich mit aufrichtiger Freude, und ich hoffe, daß Komplikationen bei der Genesung Ihnen eindrucksvoll das Schändliche Ihres Tuns vor Augen führen werden.

Sie können froh sein, daß wir uns trennen, bevor es zu spät ist. Ich hätte niemals die Ehe mit einem Süchtigen wagen wollen.

Vielleicht finden Sie ein leichtfertiges, dummes Mädchen, ein Luder, welches an Ihrem Lebenswandel und an Ihren Gesinnungen keinen Anstoß nimmt. Der dummen Menschen sind genug auf dieser Welt, auch weiblichen Geschlechts.

Versuchen Sie nicht, mich in meinem Entschluß wankend zu machen. Sie werden es nicht schaffen. Jegliche Mühe wäre vergeblich, im Gegensatz zu Ihnen pflege ich stets nur nach reiflicher Überlegung und Prüfung aller Verhältnisse endgültige Entscheidungen zu treffen.

Durchschrift dieses Aufhebungsbriefes an Seine Majestät den Kaiser, das Reichsgesundheitsamt, die Reichsstelle zur Verbreitung untauglicher Suchtbegriffe, Presse und an Prof. Koch.
Amalie (nach Diktat verreist)

Amalie, Verlobte des Gelbsattel, brach immer wieder unter ihrer schweren Bikomanie zusammen. Sie überwand die Krankheit, nachdem sie Gelbsattel den Laufpaß gegeben hatte.

20. Schreiben:
Prof. Eugen Gelbsattel an John Wheel

Lieber Wheel,
in der von Ihnen zuletzt übersandten Schrift finde ich erneut den Hinweis auf Übertragungswege. Sie schreiben in Punkt 5 Ihrer Grundsätze, daß »Bikers Anonymous« das Anliegen hat, die »Botschaft zum Fahrradsüchtigen zu tragen«.
   Auf welche Weise erfolgt die Übertragung?
Dein Freund
Eugen G.

21. Schreiben:
John Wheel an Prof. Eugen Gelbsattel

Eugen,
Are you crazy?
John

22. Schreiben:
Prof. Eugen Gelbsattel an John Wheel

Lieber Wheel,
ich meine, wenn bei Ihnen Bikophylobacter nicht vorkommen, könnte die Übertragung ja auch über Ziegenmilch erfolgen. Ich habe ja bei Ihnen Ziegenmilch getrunken!
   Des weiteren haben wir beobachtet, daß in der Flüssigkeit von Meerschweinchen, ganz frisch geschleudert, Agarplatte nach acht Stunden, der Erreger ebenfalls auftrat, in einer Keimzahl von cc 8500. Es soll ja vorkommen, daß die ärmeren Einwohner Ihres Landes sich sowohl von Meerschweinchen als auch von Ziegenmilch ernähren.
Herzlichst
Eugen

23. Schreiben:
John Wheel an Prof. Eugen Gelbsattel

Eugen,
you are crazy!*)

*) Diese beleidigende, impertinente Anmerkung fand sich handschriftlich auf dem Schreiben Gelbsattels, welches Wheel urschriftlich zurückzureichen die Frechheit hatte.

Nach der Aufkündigung des Verlöbnisses durch Amalie ist Gelbsattel ein gebrochener Mensch. Nie mehr sollte er seinen früheren Humor und seinen Elan wiedergewinnen.

Zur Biologie des Fahrradsuchterregers »Bikophylobacter«

Das Präparat wurde vom Handgriff eines Fahrrads der Marke »Herkules« (Damenrad!) mit Hilfe eines Skalpells genommen.

Es wurde folgendermaßen behandelt:

4% Formaldehyd und 0,25% Glutar Aldehyd in Imidazolpuffer, pH 7,2, 2 Stunden fixiert.

Abschließend wurde das Präparat mit demselben Puffer gewaschen und über Alkoholstufen (50%, 70%, 96%, 100% wasserfrei) entwässert, in Freon 113 in einen Polaron-kritischen-Punkt-Apparat überführt, dort getrocknet und in einem Hummer-Sputter-Coater mit Goldplatin bedampft.

Die Rasteraufnahmen wurden mit einem Philips PSIM 500 gemacht.

Vergrößerung: 320000 mal 640 Angström, 12 kV.

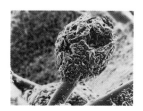

Vergrößerung: 320 × 640 Å/12kV

Der Bikophylobacter tritt in sehr großen Mengen auf; die Vermehrung des Erregers geschieht mit einer bislang nicht bekannten Geschwindigkeit. Nach dem Befall eines Gegenstandes – hier: Teil eines Handgriffs eines Fahrrads aus Kunststoffmaterial – bildet der Bikophylobacter zunächst die Ausgangskolonie. Zu diesem Zeitpunkt ist eine Ansteckung bereits unvermeidlich; Haut- und Schleimhautverletzungen sind nicht die Voraussetzung zum Eindringen des Erregers.

Vergrößerung: 80 × 640 Å / 12 kV

Hier ist zu sehen, wie sich der Bikophylobacter stabilisiert, bevor er weitere Kolonien anlegt.

Vergrößerung: 160 × 640 Å / 12 kV

Zur Verwirrung der Mikrobiologen paßt sich der Erreger, nach dem Aufbau seiner Kolonie, der Umwelt an und ist, auch bei den hier abgebildeten Elektronenrasteraufnahmen, nur sehr schwer vom sonstigen Untergrund optisch zu trennen.

Vergrößerung: 40 × 640 Å / 12 kV

Bei diesem Bild zeigt sich, daß sich der Erreger den Grundstrukturen räumlich anpaßt; dies allein schon verhindert, daß der Erreger mit mechanischen oder antibakteriellen Methoden bekämpft werden kann.

Vergrößerung: 40 × 640 Å/12 kV

Das Geflecht der Erregerkolonien wird zunehmend dichter, differenzierter und angepaßter.

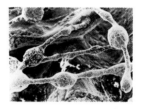

Vergrößerung 80 × 640 Å/12 kV

Der Erreger bildet, wie an der Kolonie im linken Teil (zweite räumliche Reihe) zu erkennen ist, nicht nur weitere Kolonien aus, die sich einheitlich tarnen, sondern er hat zu seiner Sicherung auch die stetige neue Produktion von Kolonien des ersten Typs vorgesehen.

Die Wirkungen körperlicher Überanstrengungen beim Radfahren

von Dr. Albert Albu

Schon frühzeitig warnten besonnene Mediziner vor der Fahrradsucht, den körperlichen, aber auch – und nicht zuletzt – den psychischen Entartungserscheinungen, die mit dieser Sucht untrennbar verbunden sind. Ein Beispiel ist die o. g. Abhandlung.

Sie erschien in den »Verhandlungen der Berliner medicinischen Gesellschaft aus dem Gesellschaftsjahr 1897«, Band XXVIII, Seiten 74–86.

M. H.!

Einige zufällige Beobachtungen bei Gesunden und Kranken (Neurasthenikern, Fettleibigen, chronisch Obstipierten u. a.), denen ich das Radfahren als Heilmittel empfohlen hatte, gaben mir Veranlassung, Untersuchungen über die physiologischen Wirkungen dieser Sportübungen anzustellen.

An der großen Menge der sog. Sonntagsfahrer lassen sich solche Untersuchungen aber nur sehr schwer exakt anstellen resp. richtige Schlußfolgerungen aus ihnen ziehen, weil bei ihnen die körperlichen Leistungen zu ungleichmäßig sind, um genau gemessen werden zu können. Ich bin deshalb an die systematische Untersuchung einer großen Zahl von Wettrennfahrern auf der Fahrradbahn in Halensee gegangen und habe dabei Beobachtungen gemacht, wie sie von anderer Seite bisher noch nicht mitgeteilt worden sind.

In dem Radfahren, wie es auf der Rennbahn getrieben wird, bietet sich dieser Sport in einer exzessiv gesteigerten Form dar. Er erfordert die äußerste Kraftanstrengung, oder mit anderen Worten, eine ›maximale Muskelarbeit‹.

In dem Lob der Empfehlung einer solchen äußersten Kraftanstrengung, wie sie in der ›maximalen Arbeitsleistung‹ zum Ausdruck kommt, als gesundheitsförderndem Mittel kann ich mit Kolb ganz und gar nicht übereinstimmen, vielmehr muß ich mit Nachdruck auf die *Gesund-*

heitsschädlichkeit eben dieser *exorbitant gesteigerten Muskelarbeit* hinweisen.

Ich habe meine Untersuchungen an zwölf Radfahrern vorgenommen, bei den meisten zu wiederholten Malen, und zwar in der Weise, daß ich die Fahrer vor und nach jeder Tour auf der Rennbahn (deren Dauer von fünf bis 15, auch 30 Minuten und darüber schwankte), in bezug auf den physikalischen Befund am Herzen, die Atmung, die Pulsbeschaffenheit und den Harn untersuchte.

Was zunächst das Herz betrifft, so ist schon von anderen Autoren früher hervorgehoben worden, daß auf die übermäßige Inanspruchnahme des Herzens die Atemnot zurückzuführen ist, welche beim Radfahren eintritt.

Ich habe folgende Befunde erheben können:

In der Gegend des Spitzenstoßes, namentlich aber in der Regio Epigastrica, ist eine sehr lebhafte Pulsation sichtbar, die namentlich an letzterer Stelle auch bei dem geübtesten Fahrer nie zu vermissen ist. Das Herz schlägt mit einem ungemein kräftigen Ictus an die Brustwand, so daß dieselbe zuweilen sogar sicht- und fühlbar erschüttert. Die Schlagfolge des Herzens ist erheblich vermehrt, zuweilen leicht unregelmäßig. Der Spitzenstoß des Herzens wird verbreitert, hebend und ist sowohl nach außen um ein bis zwei Fingerbreite, als nach unten um einen bis zwei Intercostalräume verlagert. Die Grenzen der Herzensdämpfung verschieben sich nach links und unten um eben dieselbe Masse, in einzelnen Fällen allerdings weniger, fast gar nicht, in anderen dagegen aber um so stärker.

Der Grad des Trainings ist dafür nicht maßgebend. So habe ich gerade bei einem unserer ältesten Rennfahrer, der, obwohl noch heute in vorzüglicher Kondition, doch schon von jüngeren Kräften überholt ist, eine Verbreiterung der Herzdämpfung nach links bis zu Dreifingerbreite außerhalb der Mammillarlinie, mit gleichzeitiger Verlagerung des Spitzenstoßes nach unten, bis in den 7. Intercostalraum beobachtet. Nach rechts hin fand ich die Herzdämpfung nur in wenigen Fällen verbreitert und dann nicht mehr als um etwa Daumenbreite.

Die Herzschläge klingen polternd ans Ohr, der zweite Pulmonalton ist verstärkt, regelmäßiger aber und erheblicher noch der zweite Aortenton. Schließlich habe ich noch bei einem Radfahrer ein leichtes systolisches Geräusch nach der Fahrt auftreten hören, das in der Ruhe fehlte.

M. H.! Wie sind diese Befunde zu deuten?

Ich glaube, daß es keinem Zweifel unterliegen kann, daß wir es hier mit Zuständen akuter Dilatation des Herzens, hervorgerufen durch Überanstrengung desselben, zu tun haben.

Die physikalischen Befunde lassen keine andere Deutung zu. Es wäre Optimismus, die beschriebenen Veränderungen als den Ausdruck der Entfaltung des Herzens innerhalb der Grenzen seiner physiologischen Dehnungsfähigkeit zu betrachten. Denn in den Fällen, in denen eine hochgradige Erweiterung der Ventrikel sich nachweisen ließ, fehlten auch niemals die Folgeerscheinungen für den gesamten Kreislauf. Nach exzessiv forcierten Fahrten von selbst zuweilen nur fünf Minuten Dauer ließ sich ein ungemein frequenter, kleiner und weicher, bei einzelnen sogar fast fadenförmiger, oft unregelmäßiger Puls konstatieren. Die Atemfrequenz betrug 48–64, Lippen und Gesicht waren cyanotisch, der Allgemeinzustand kam einem Kollaps schon sehr nahe. Nur der energische Wille und die Macht der Gewohnheit vermag die bis aufs äußerste Erschöpften noch aufrecht zu halten.

Beim Wettradfahren, das sicherlich die exzessivste aller körperlichen Überanstrengungen – wenigstens von seiten des Herzens – darstellt, erfolgt von vornherein eine außerordentliche Blutdrucksteigerung, welche zur Ausfüllung aller arteriellen Gefäße und Beschleunigung des Blutstroms in denselben führt.

Die Blutdrucksteigerung wird klinisch in dem ungemein verstärkten Herzschlag und der Verstärkung der Gefäßtöne, namentlich des zweiten Aortentones, kenntlich. Die primäre Blutdrucksteigerung im artiellen Gefäßsystem führt von vornherein dem linken Ventrikel eine übermäßige Blutmenge zu, welche seine Wandungen dehnt. Der Ventrikel macht sehr kräftige und vermehrte Kontraktionen, um seinen Inhalt zu entleeren, aber er vermag der Arbeit nur teilweise Herr zu werden, und so kommt es denn bei Fortdauer der Anstrengung infolge beginnender Erschlaffung des Herzmuskels bald zu einer sekundären Blutdruckerniedrigung, die eine recht beträchtliche werden kann.

Beruhigt dürfen wir aber den Herzdilatationen der Radfahrer nicht gegenüberstehen.

Wir müssen bedenken, daß bei den Radfahrern, die den Wettsport pflegen – oder häufig sehr andauernde und anstrengende Touren z. B. bergauf machen –, diese Überdehnungen des Herzmuskels jahraus, jahrein, täglich, zuweilen sogar mehrmals an einem Tage, erzeugt werden. Wir haben es also gewissermaßen mit anfallweise auftretenden ›paroxysmalen Herzmuskeldehnungen‹ zu tun.

Die unmittelbar deletären Folgen der jedesmaligen Dilatation werden nur dadurch aufgehalten, daß diese Herzen schon auf den abnormalen Zustand gleichsam eingestellt sind. Aber auf die Dauer verfehlen sie ihre Einwirkung sicherlich nicht. Die Dilatation muß eine dauernde werden und die Hypertrophie der Herzwandungen ihr schließlich folgen.

Die scheinbare Gesundheit dieser Männer darf uns nicht über die über ihnen schwebende Gefahr täuschen. Der pathologische Zustand ihres Herzens kann in jedem Moment einen krankhaften auslösen.

In dem Krankheitsbild der idiopathischen Herzhypertrophie kennen wir ein langjähriges latentes Stadium, währenddessen durch irgendeinen an sich ganz geringfügigen Anlaß, durch ein Trauma oder eine plötzliche Überanstrengung, die Kompensationsstörung des Herzens unerwartet eintreten kann. Das chronisch überanstrengte Herz wird plötzlich insuffizient und vermag sich oft gar nicht oder nur teilweise wieder zu erholen. Wie ein überdehntes Gummiband bei häufigem Gebrauch seine Elastizität verliert oder schließlich reißt, so wird auch das hypertrophische und dilatierte Herz schließlich erlahmen. Das ist die Gefahr von seiten des Herzens, die beim übermäßig betriebenen Radfahrersport droht! Bei allen untersuchten Fahrern habe ich nach jeder einzelnen Tour das Auftreten von Eiweiß im Harn konstatieren können, meist allerdings nur in Spuren oder geringen Mengen, in einigen Fällen aber stets bis zu ½ pro Mille.

Wie ist dieses Auftreten von Eiweiß im Harn zu deuten?

Am nächsten liegt die Annahme, daß es sich um eine Folge der Stauung handelt. Die exzessiv gesteigerte Muskeltätigkeit bewirkt eine Förderung der allgemeinen Venenzirkulation, die, wie im Herzen, so auch in den Nieren eine Blutstauung erzeugt. Dennoch verdient eine zweite Theorie wohl noch erwogen zu werden, nämlich daß es sich um eine toxische Albuminurie handelt.

Die auf die Nieren schädlich einwirkenden Toxine hätten wir in den in vermehrter Menge zur Ausscheidung kommenden Stoffwechselprodukten, wie etwa Oxalsäure, Harnsäure, Alloxurbasen usw. zu suchen.

Ein gewichtiges Moment zur Entscheidung der Frage, ob Stauungs- oder toxische Albuminurie, gibt zugunsten der letzteren, wenn auch

Berühmte Fahrradsuchttherapeuten I

1 Virchow; 2 Albu; 3 Willner; 4 Mackenrodt; 5 Wendt; 6 Fischer-Pöpelburg; 7 Kribinskykoyskij; 8 Gelbsattel; 9 Matschke; 10 Ziegenhals

nicht zweifellos beweisend, das Ergebnis der mikroskopischen Untersuchungen. Ich fand mehr oder minder zahlreiche hyaline und granu-
lierte Zylinder im Sediment der Harne.

Das Auftreten von Harnzylindern macht jede Albuminurie zu einer
pathologischen. Bei der Albuminurie nach andersartigen Muskelan-
strengungen hat man bisher das Auftreten von Harnzylindern und Nie-
renelementen nicht beobachtet. Offenbar wirkt das forcierte Radfahren eben deletärer.

Wir können die Albuminurie, die nach angestrengten Radfahrtouren
auftritt, gleich der Herzdehnung, vielleicht am besten als »paroxysmale« bezeichnen, sie steht daher jedenfalls der sog. ›zyklischen‹ Albuminurie (Pavy) nahe, die ja, wie Senator hervorgehoben hat, gar nicht
eine wirklich zyklische ist, sondern immer nur nach Einwirkung ein und
derselben Ursache wieder hervortritt. Diese zyklische oder paroxysmale
Albuminurie wird neuerdings wohl fast allgemein als das Zeichen einer
chronischen, schleichenden Nephritis betrachtet, und in diesem Sinne
bin ich auch die Albuminurie bei Wettrennfahrern aufzufassen durchaus geneigt.

Wenn die Nieren jahrelang immer wieder in so heftiger Weise gereizt
werden, dann wird nicht nur der fortwährende Verlust von Körperei-
weiß den Ernährungszustand des Organismus beeinträchtigen, sondern die Nieren selbst werden auch in immer stärkeren Substanzverlust
geraten.

In der Schädigung der Nieren sehe ich deshalb die zweite dauernde
Gefahr des Radfahrsports, wenn er übermäßig betrieben wird. Wenn
wir bedenken, daß die Schäden für Herz und Nieren sich kombinieren
müssen, können wir vor jeder übermäßigen Anstrengung beim Radfahren gar nicht dringend genug warnen.

Zum Schluß, m. H., einige allgemeine Bemerkungen über den
gesundheitlichen Wert der »maximalen Muskelarbeit«, die das Training
als gesundheitsförderndes Mittel anstrebt.

Wie jeder Sportsmann hält sich der trainierte Radfahrer für ein
Muster körperlicher Kraft und strotzender Gesundheit. Für den objekti-
ven Beobachter fehlen ihm freilich fast alle Zeichen dafür. Ohne den
fast typischen Habitus des trainierten Radfahrers hier näher schildern
zu wollen, soll nur der fast vollständige Schwund des Fettpolsters hervorgehoben werden. Die beim Radfahren angestrengten Muskeln, in

42

erster Reihe die Streckmuskeln des Oberschenkels und die Beugemuskulatur des Unterschenkels und, was von anderer Seite meines Wissens bisher noch nicht hervorgerufen worden ist, die Pronei, sie imponieren dem Auge als kollossal hypertrophe, brettharte Wülste, deren Ursprung und Ansatzpunkt so genau erkennbar sind, als wären sie mit dem anatomischen Messer herauspräpariert worden. In dieser exquisiten Weise werden die Muskeln eben nur sichtbar, weil jedes Fettläppchen unter der Haut und zwischen den Muskeln geschwunden ist – ein Folgezustand, den ich nicht gerade als einen besonderen Vorteil betrachten kann. Denn das Fettpolster ist ein wertvoller Schutz gegen die verschiedensten Schädlichkeiten, die auf den Organismus einwirken können.

Das Training zum Wettsport muß in praxi so deletär wirken, als er meist in einem so jugendlichen Alter begonnen wird, in dem die körperliche Entwicklung noch gar nicht abgeschlossen ist. Gerade dem Herzen droht dadurch am ehesten eine dauernde Gefahr.

Von anderen hygienischen Momenten, die auf die Gesundheit der Wettfahrer schädigend einwirken, will ich hier noch die unregelmäßige Lebensweise und Lebensführung hervorrufen:

Excesse in alcoholis et venere gehören nicht zu den Seltenheiten, wie denn überhaupt das Training nicht entfernt mit der Strenge und Gewissenhaftigkeit gehandhabt wird, wie z. B. beim Rudersport. Ferner läßt die Ernährung viel zu wünschen übrig, indem sie auf die übermäßigen Anforderungen des Trainings gar keine Rücksicht nimmt.

Bahnbrechende Forschungsergebnisse des großen Virchow in bezug auf Fahrradsucht

Rudolf Virchow hat über Jahrzehnte, schon zu Beginn der Fahrradmanie, seine kritische Position deutlich gemacht. Aber nie war es ihm vergönnt, die für eine Erforschung notwendige Zeit aufzubringen; die finanziellen Mittel standen ihm auch nicht zur Verfügung. Vermutlich hätte es der deutsche Kaiser, Wilhelm II., als eine Gefährdung seiner Pläne angesehen, wenn rechtzeitig ein Signal zum Stopp der Fahrradsucht gegeben worden wäre. Wilhelm II. brauchte die Fahrradsüchtigen für seine Kompanien und Divisionen, die den »Lebensraum des deutschen Volkes« gewaltsam erweitern sollten. Fahrradsüchtige waren es nämlich, die in den Tagen des August 1914 jubelnd ausfahren sollten, deutsche Größe anderen, scheinbar rückständigeren Völkern aufzuzwingen.

Rudolf Virchow konnte, 1902 verstorben, dieses Verhängnis nicht mehr aufhalten. Wäre ihm dies gelungen – die Weltgeschichte wäre anders verlaufen.

Lassen wir Ergebnisse von Virchows Forschungen auf uns wirken.

Virchow wurde niemals müde, den »Verhandlungen der Berliner medicinischen Gesellschaft« seine Warnungen vorzutragen. Stets galt sein Engagement den armen Fahrradsüchtigen; deren Unglück brachte ihn zu genialen Überlegungen, die er schon bald als gesicherte Erkenntnisse darzustellen verstand.

Der Herausgeber verzichtet an dieser Stelle auf eine weitere eigene Beschreibung und läßt nunmehr Geheimrat Virchow höchstselbst zu Worte kommen:

»M. H.!

Herr Albu hat mit Recht darauf hingewiesen, wie verschieden die Haltung des Trainierenden ist.

Der eine sitzt im rechten Winkel gebogen, der andere ziemlich gerade.

Es kann unmöglich gleichgültig sein, in welcher Stellung jemand diese Aktion betreibt. Wenn man sich nur einigermaßen vergegenwärtigt, daß bei einer so stark vorgebeugten Haltung ein erheblicher Druck auf die Vena cava inferior ausgeübt wird, daß also starke Rückstauungen in den Unterleibsorganen eintreten müssen, die speziell auf die Nieren sehr stark einwirken können, so kann man sich wohl vorstellen, daß nicht bloß die Arbeit, welche geleistet wird, sondern auch die besondere Stellung, in der sie ausgeführt wird, einen erheblichen Einfluß hat.

Es hat sich unter den Radfahrern allmählich ein recht auffälliger Gegensatz entwickelt.

Ich erinnere mich sehr lebhaft, wie ich im vorigen Jahr, als ich aus Italien kam (wo ich lauter solche rechtwinklig gekrümmte Trainierende gesehen hatte, die mit großer Heftigkeit über die Wege hinfuhren), plötzlich, als ich mich der deutschen Grenze näherte, mir eine immer größer werdende Zahl von gerade sitzenden Radfahrern entgegenkam, die mir sehr imponierten.

Unwillkürlich trat mir der Gedanke entgegen, eine solche gerade und stramme Haltung müßte doch eine andere Wirkung haben, als wenn man eben fortwährend in einer vorgebeugten Stellung sitzt.

Nun würde es ja ein leichtes sein, daß die Herren Kollegen bei ihren Untersuchungen über diesen Gegenstand auch feststellten, wie die Leute das Radfahren betreiben, und ich glaube, es würde vielleicht von großer Erheblichkeit sein, wenn für die Zukunft in die allgemeine Lehre über das Radfahren auch die Frage mit aufgenommen würde, wie man sitzen muß. Das darf nicht dem Zufall überlassen werden!

In Beziehung auf die theoretischen Erörterungen, die an diese Untersuchungen angeknüpft werden, scheint es mir, als ob heutzutage der arteriellen Hyperämie der Nieren gar nicht mehr eine Bedeutung beigelegt werde.

Unsere jüngeren Kollegen sprechen immer nur von Stauung und von irgendwelchen toxischen Erscheinungen. Aber daß es auch eine arterielle Hyperämie gibt, und daß diese so stark werden kann, daß dadurch Albuminurie herbeigeführt wird, das scheint beinahe ganz vergessen zu sein. Gerade in einem solchen Fall, wo Sie eine solche energische Tätigkeit des Herzens finden, läge es doch sehr nahe, auch die arterielle Fluxion mit in den Kreis der Betrachtungen zu ziehen.«

Die Diskussionen der Wissenschaftler um Virchow, die die Erforschung der körperlichen und geistigen Schäden durch Fahrradsucht als einen Hauptteil ihrer Arbeit ansahen, sind Legion.

Wir können in diesem Rahmen nur einige wenige Fahrradsuchtpioniere würdigen; ihnen sei im folgenden das Wort gegeben.

Herr Mackenrodt:

Ich habe den Radfahrsport, so wie überhaupt Leibesübungen, seit vielen Jahren, schon seit dem Anfang seiner Einführung bei uns in Deutschland, gepflegt, und ich habe auf dem Rad, glaube ich, nicht ganz gewöhnliche Leistungen vollbracht.

Ich bin durch die Ebenen Deutschlands und Österreichs gezogen, um Land und Leute kennenzulernen, bin über den Harz, den Thüringer Wald, das Riesengebirge und die Alpen gefahren und habe die ganze Fülle körperlichen und geistigen Behagens bei diesen Touren genossen; ich will damit nur sagen, daß ich mir über den Radsport auch ein Urteil erlauben darf.

Es liegt ja bei dem Arzt nahe, daß er, zumal wenn Debatten über Schädigungen eines solchen Sports auftauchen, an sich selbst diese Frage beantwortet; und so weit man das auf einer Tour kann, habe ich das auch zeitweise getan.

Es kann sich das selbstverständlich nur allenfalls auf die Untersuchung des eigenen Herzens erstrecken, die ich nicht für sehr wertvoll halte, dann aber auf die Urinuntersuchung.

Ich habe auch konstatiert, daß nach forcierten Fahrten gelegentlich, besonders wenn die Ernährung mehr eine mangelhafte gewesen ist, Eiweiß in minimalen Spuren auftritt.

Ein Mikroskop habe ich nicht in der Tasche gehabt. Ob andere Elemente noch im Urin gewesen sind, kann ich nicht bestätigen.

Ich möchte hier nur einige Punkte herausgreifen, die vielleicht für den Gynäkologen und für denjenigen Hausarzt, welcher als Berater in der Familie durch die weiblichen Mitglieder herangezogen wird, von Bedeutung sein könnten.

Wenn es sich aber um eine Verlagerung der Genitalien handelt, besonders der Ovarien – dazu rechne ich auch den ganz einfachen Ovarialprolaps –, so ist den Patienten das Radfahren ganz außerordentlich schlecht bekommen. Zu den gewöhnlichen Erscheinungen haben

Berühmte Fahrradsuchttherapeuten II

1 Müller; 2 Meyer-Berlin; 3 Schmidt; 4 Schmitt; 5 Schmid; 6 Schmied; 7 Zwilichtigskaja; 8 Koch; 9 Meir; 10 Schwanzfeurig

sich wiederholt Blutungen gesellt, sowie eine Zunahme der Schmerzen. Prolabierte Ovarien, die ich längere Zeit und bei wiederholten Untersuchungen, mobil im Becken gefunden hatte, fand ich nachher fixiert, und es ist mir zweimal der Fall vorgekommen, daß ich nach monatelangen vergeblichen Versuchen, der Beschwerden und Schmerzen Herr zu werden, dann diese kollabierten und fixierten Ovarien, die direkt im Douglas lagen, durch Eröffnung des Douglas entfernen mußte.

Bei nervösen Kranken, zumal bei solchen, welche durch ihre Nervosität auch einen gewissen Grad von psychischer Schwäche schließlich erworben hatten, was ja nicht selten ist – bei solchen Frauen dürfte auch noch von einem anderen Gesichtspunkt aus diese Leibesübung von höchst begrenztem Vorteil sein, insofern, als sie durch die Notwendigkeit, ihr Rad vorwärts zu bewegen, auf den Weg zu achten, wenn anders sie nicht stürzen wollen, mehr an Selbständigkeit und gewisse Energie gewöhnt werden.

Herr O. Rosenthal:
Ich möchte ganz kurz einen hierher gehörigen interessanten Fall erwähnen. Es ist das derselbe, den ich vor einigen Wochen im Verein für innere Medizin vorgestellt habe, und bei welchem sich eine Myocarditis syphilitica – es handelt sich nämlich um einen Luetiker – im Anschluß an übermäßiges Radfahren entwickelt hat.

Die Krankengeschichte ist kurz folgende:

Es handelt sich um einen kräftigen jungen Mann, der körperliche Anstrengungen, Dienst bei der Artillerie sowie praktische Tätigkeit in der Lehrschmiede ohne irgendwelche Schädigung des Herzens überstanden hat.

Derselbe zog sich vor 1¼ Jahren Syphilis zu und machte unter meiner Behandlung mehrfach Kuren durch.

Im August des vorigen Jahres ging er in seine Heimat und gab sich eifrigst dem Radsport hin. Er machte mehrmals die Woche hindurch sehr anstrengende Touren, unter anderem fuhr er über 100 km, von Schweidnitz nach Breslau, innerhalb von zehn Stunden, mit sehr geringfügigen Ruhepausen, und nahm auch an diesem Tag reichlich Alkoholika zu sich. Kurze Zeit darauf begann er über ein starkes Oppressionsgefühl und Anfälle von Herzklopfen und Atemnot, die auch des nachts auftraten, zu klagen.

In diesem Zustand kehrte der Patient zurück. Bei der Untersuchung stellte sich heraus, daß die Herzaktion sehr arhythmisch und sehr beschleunigt war. Zu gleicher Zeit bestand ein zweiter verstärkter Pulmonalarterienton und auch der zweite Aortenton war klappend. Die Herzdämpfung schien mir ein klein wenig nach rechts vergrößert zu sein; es bestanden also die Erscheinungen einer Myokarditis.

Während ich den Patienten beobachtete, trat noch systolisches Geräusch an der Pulmonalis hinzu, das nach tiefen Inspirationen besonders deutlich zu hören war, und zeitweise war der erste Ton an der Aorta ebenfalls nicht ganz rein. Ich hatte den Fall aufgefaßt als einen Fall von Myocarditis syphilitica, die sich im Anschluß an übermäßiges Radfahren entwickelt hatte.

Diese Beobachtung gehört in das Kapitel Reizung und Syphilis insofern, als der Herzmuskel auf die übermäßige Anstrengung während der noch bestehenden syphilitischen Infektion durch das Auftreten einer spezifischen Entzündung geantwortet hat.

Herr Dr. P. Abraham:

Ob aber bei den Rennfahrern, bei denen es hauptsächlich darauf ankommt, mit großer Schnelligkeit die Luft zu durchschneiden, die gerade und natürliche Haltung einzuführen ist, oder ob es überhaupt möglich ist, daß diese sie einnehmen, darüber, glaube ich, kann man sehr zweifelhaft sein; und es wird wohl kaum möglich sein, daß sie dieselbe Schnelligkeit erreichen, wenn sie in vollkommen gerader Haltung fahren.

Ich wollte dann noch hinzufügen, daß doch eine Dosierung des Radfahrens nötig ist.

Die Vergleichung der Taschenuhr und des Kilometermessers zusammen ermöglichen eine ganz gute Dosierung des Radfahrens.

Herr Albu:

Ich freue mich, daß Herr Geheimrat Virchow gerade den springenden Punkt in den Fragen, wann der Radsport schädlich wirkt, hier hervorgehoben hat. In der Tat ist dasjenige, was einem sofort in die Augen fällt, wenn man auf die Rennbahn kommt, die senkrechte Abknickung des Oberkörpers, und darin liegt zweifellos eine der hauptsächlichsten Ursachen der Schädlichkeit dieser Art des Sports.

Geschieht das auch nicht gerade bis zum rechten Winkel, so geschieht es doch in so beträchtlichem Grad, daß Störungen der Blutzirkulation leicht eintreten können.

Im übrigen kam es mir nur darauf an, darauf hinzuweisen, daß eben dieser Sport ohne jedes Maßhalten nicht geübt werden darf, daß er Gefahren haben kann.

Bei keinem Sport kommen so leicht und so häufig Übertreibungen vor wie beim Radfahren.

Wenn – das möchte ich Herrn Mackenrodt gegenüber betonen – das Eiweiß nach der Fahrt verschwindet, so ist das kein Beweis, daß die Nieren intakt geblieben sind. Wir wissen z. B., daß die Nephritis nach Scharlach oft nach Jahren erst zum manifesten Ausbruch kommt. Ich muß deshalb an meiner Ansicht festhalten, daß eine sich sehr oft wiederholende Eiweißausscheidung für die Nieren Gefahren bedingt.

1912 – Sportwissenschaftler warnen vor der Fahrradsucht

1912 wurde der erste »Kongreß zur wissenschaftlichen Erforschung des Sports und der Leibesübungen« durchgeführt.

Die körperlichen Schädigungen beim Radfahren spielten eine große Rolle. So erklärte Prof. von Grützner (Tübingen), daß beim Radfahren weniger die körperliche Anstrengung als die Ruhestellung des Brustkorbes und die Beengung des Herzens als schädlich angesehen werden müsse. Stabsarzt Dr. Müller fügte dem hinzu, daß bei »der militärischen Ausbildung wenigstens 40 % der wegen Herzkrankheit Zurückgestellten Radfahrer sind«. Auch dies sei ein Hinweis, so Dr. Müller, auf die starke Beanspruchung des Herzens beim Radfahren.

Dr. Krieg (Hamburg) richtete an den Kongreß den eindringlichen Appell, die Telegrammbesteller und Radfahrboten, »die in jugendlichem Alter häufig schwere Überanstrengungen durchzumachen haben«, zu untersuchen.

Der Berliner Spezialist Dr. Willner berichtete über eingehende Untersuchungen, die er bei vier Sechstagerennen angestellt hatte. Sechstagerennen seien »höchst schädlich, ja geradezu unsinnig«. Diesen Standpunkt müsse »jeder Arzt teilen«. Es sei für die Wissenschaft allerdings höchst wertvoll, daß die in Amerika durchgeführten Beobachtungen eine wahre Fundgrube für Studien über die Schädlichkeit der Radfahr-Übertreibung seien.

Als eine wichtige Folge der Überanstrengung wurde auch eine hartnäckige Verstopfung angeführt.

Dr. Willner berichtete weiter über die ›geheimen‹ Mittel der Trainer, über das ›Doping‹. Daß den Radfahrern Sauerstoff plötzlich zugeführt werde, habe auf ein unter Sauerstoffmangel leidendes Herz eine schockartige und damit unzweckmäßige Wirkung.

Besondere Schädigungen ziehe sich auch das weibliche Geschlecht durch das Radfahren in den Tagen vor der Menstruation zu; dies berichtete Dr. Willner in der Diskussion. Stauungen im Zirkulationsapparat träten bei den fahrradsuchtbedingten Destruktionserscheinungen in den Vordergrund.

Fahrradsucht und Entsittlichung

»Der Löwe der Entsittlichung fähret umher, alle zu verschlingen.«

Jene Worte aus der Offenbarung Johannes wurden dem Menschen in ihrer schrecklichen Bedeutung erst im Laufe dieses Jahrhunderts bewußt. Mit dem Fahrrad kam der Niedergang der Familie und der Moral, kurz: das apokalyptische Zeitalter begann.

Im folgenden werden die Schritte der Entsittlichung dokumentiert (nur für reife Leser ab 21 Jahren).

Harmloser Beginn

Gehen wir zurück in die Geschichte des Fahrrads. Es schien ein Instrument zu sein, das zur Hilfe und zur Freude der Menschen erfunden wurde. Ein technisches Gerät, um Hindernisse elegant zu bewältigen wie auf dem folgenden Bild.

Dies ist die eine Seite der Fahrradsucht: Scheinbare Leichtigkeit, mit der die Dinge zunächst gehandhabt werden. Das schwere Fahrrad scheint für die Frau überhaupt kein Gewicht zu haben, sie ist in ihren Bewegungen noch durchaus anmutig.

Allerdings ist im Gesichtsausdruck eine Unsicherheit zu bemerken. Wir werden bald sehen, wie schnell dieser pseudoeuphorische Zustand einer Dysphorie weicht und zu einem fatalen Ergebnis führt.

Die Bikomanin bei Beginn der Suchtausübung.

Zwei Jahre danach wird sie in ein Psychiatrisches Landeskrankenhaus eingewiesen. Prognose: fatal.

Verführung

Hier ist anzumerken: Die Sucht wird schleichend propagiert, die Opfer erliegen ihr, ohne daß es ihnen recht – und rechtzeitig! – bewußt wird. So harmlos fängt es an.

Ein Beispiel für eine frühe Verbundwerbung, ca. 1900. Zwei Produkte, das Fahrrad und die Nähmaschine, werden angepriesen.

Bemerkenswert ist, daß beiden ein gleicher Stellenwert zuzukommen scheint; dies zeigt sich allein schon durch die Stoffe, die als Banderolentücher von den beiden Frauen gehalten werden.

Es ist aber unverkennbar, daß die Frau oben links im Bild einen befriedigteren Eindruck als die hausarbeitende Frau macht.

Die Gleichsetzung von Fahrrad und Nähmaschine wertet die Hausarbeit ab und ist einer der Schritte, die in der Folge zu einem anderen Rollenverständnis der Frau führen sollten.

Neues Verständnis der Frau. Die Frau nicht mehr dem Manne untertan, Anerkennung als ein eigenständiges, denkfähiges Wesen und so weiter – Folgen sollten sich rasch einstellen.

Ein Beispiel für die Polyconditiomanie mit Hauptanteil Bikomanie:

Typisch die herausfordernde Haltung der Frau, ihre schon in der Haltung ausgedrückte Verantwortungslosigkeit. Man beachte, daß der zum sicheren Führen des Zweirads unbedingt festzuhaltende Lenker die Dame überhaupt nicht zu interessieren scheint.

Auffällig zudem die Nikotinabhängigkeit.

Daß auch bei dieser Frau, wie bei vielen Fahrradsüchtigen, maskuline Entartungen eine Rolle spielen, das zeigt allein schon die Kleidung.

Auflösung von Ehe und Familie

Ein erschütternder Akt der Pseudoemanzipation wird im folgenden dokumentiert.

Ein eindrucksvolles Beispiel, wie das Fahrrad in die moralische Konstitution der Menschen eingegriffen hat.

Die Frau im Brautkleid entflieht über die Treppenstufen der Kirche, in der sie getraut werden soll – oder wurde –, ihrem Ehemann.

Das Fahrrad ist hier Instrument zur Auflösung der Ehegemeinschaft oder Mittel, die Eheschließung als solche zu verhindern.

Ein Detail aus dem gerade gezeigten Dokument bestätigt, wie die Frau in typischer Weise durch die Fahrradsucht verändert ist.

Man beachte die wiederum auftretende Überlegenheit, man beachte aber auch die Verklärtheit des Blickes, den Rückzug in die illusionäre Welt des Süchtigen.

Dem ganz entgegen zeigt sich, daß der nicht fahrradsüchtige Ehemann noch völlig im gesunden Normengefüge verankert ist. Seine Reaktion ist durchaus die eines normalen Menschen, der gerade eine Enttäuschung erfahren hat und diese zunächst einmal nicht wahrhaben möchte.

Das Fahrrad als Masturbationsobjekt

Das Fahrrad ist in geradezu epidemischen Ausmaßen von weiblichen Personen zum Zwecke der Onanie (Selbstbefleckung, Masturbation, Manustupration) mißbraucht worden.

Das Fahrrad war ein Instrument, das mittels zwanghafter Bewegungsabläufe stimulierende Friktionen ermöglichte.

Ein klassisches Beispiel:

Die Industrie hat sich – natürlich! – nicht gescheut, die leichte Verführbarkeit der Frauen zur Unzucht auszunutzen.

Hier ein entsprechendes Angebot. Der Sattel für den Mann ist wesentlich anders gestaltet als der für die Frau, was sich auch aus der Darstellung der Beckenknochen ergibt.

Welche Folgen die Verwendung eines typisch weiblichen Sattels für die Vorführende gehabt hat, zeigt die folgende Abbildung:

Hier ein Detailausschnitt aus dem vorgeführten Dokument. Man beachte den Gesichtsausdruck der Fahrradsüchtigen!

Auf Seite 61 zeigt sich, wie sich die typische, scheinbare Superiorität der Süchtigen mit einer doch weitgehend fortgeschrittenen, irreversiblen Verblödung mischt.

Dieses kann auch als ein Beispiel für das »Dümmlich-Dämliche Grins-Syndrom« (DDGS) genommen werden.

Ein weiteres Beispiel sexueller Enthemmung:

Auch hier ist die Benutzerin erkennbar größenwahnsinnig, was sich in der Bezeichnung »Sirius« und in der Pose der »zum Greifen nahen« Sterne ausdrückt.

Man greift nach den Sternen, statt sich mit irdischen Realitäten zu beschäftigen.

Über die laszive Haltung der Frau kann der Betrachter nur erschrokken sein. Nicht nur, daß die Person weitgehend nackt ist, sie vernachlässigt auch sträflicherweise die normale Technik der Handhabung eines Fahrrads.

In der Durchsicht des Sattels werden eindeutig phallische Symbole erkennbar. Der Gesichtsausdruck zeigt das »Dümmlich-Dämliche Grins-Syndrom« (DDGS).

Der berühmteste Fall der Fahrradsucht-forschung:
Der »Fahrradmann« und sein Analytiker

Teil 1:

Die Geschichte des »Fahrradmannes«, von ihm selbst erzählt

Im Dezember 1910 hatte ich schon einen langen Leidensweg hinter mir. Ich hatte die berühmtesten Professoren aufgesucht, die die Psychiatrie der Welt zu bieten hatte. Ich war in St. Petersburg, in Wien, in Berlin und an einigen amerikanischen Universitäten gewesen. Niemals konnte mir jemand erklären, warum ich so schreckliche Angst vor Fahrrädern hatte, was das eigentlich ist, was man heute eine Bikophobie nennt.

Manchmal gar wurde ich als »Imitationsneurotiker« abgetan. Der berühmte Professor Kraepelin sagte mir ins Gesicht, auch wenn ich ein gutes Honorar zahle, möge ich ihn mit meinen »belanglosen Fisimaten-ten« in Ruhe lassen. Bei anderen gelang es mir nicht einmal, meine Krankengeschichte, so wie ich sie richtig erkannt hatte, darzulegen.

Dabei wußte ich doch, daß ich einer der wenigen Menschen war, die an dieser Krankheit litten, und die ihre Krankheit zu einer produktiven Kraft für die Gesellschaft, für die vielen Millionen von nichts ahnenden Mitbetroffenen, umwandeln wollten.

So bin ich nun als der »Fahrradmann« in die Geschichte der Fahrrad-suchtforschung, der Psychiatrie, ja in die Weltgeschichte überhaupt eingegangen.

Wobei ich anmerken muß, daß es sich bei meiner Krankheit eigentlich um eine infantile Fahrradphobie gehandelt hat und die Bezeichnung »Fahrradknabe« oder »das Fahrradjüngelchen« eine bessere wäre.

Nun denn; man kann es der Welt nicht verübeln, wenn sie komplexe Dinge auf eine vereinfachte Weise darzustellen geneigt ist. So bin ich also »der Fahrradmann«.

Aber zurück zu meiner Leidensgeschichte und zu der wunderbaren Heilung, die ich John, dem Gründer der »Bikers Anonymous«, verdanke.

Es war auf einer meiner vielen Reisen quer durch diese Welt, auf der ich wiederum, unablässig getrieben, Heilung suchte.

Im amerikanischen Bundesstaat Montana, an der Grenze zu Kanada endend, wurden mein Gefolge und ich von einem jungen Assistenzarzt auf einen kleinen Ort in den Bergen hingewiesen. Das war in Helena, der Hauptstadt von Montana.

Tief versteckt in den Bergen von Montana lagen die bescheidenen Hütten, die John Wheel, Gründer der »Bikers Anonymous« und Therapeut des »Fahrradmannes«, bewohnte.

Vor meinem wachen inneren Auge stand das Tragödienhafte meines Kampfes um die geistige Gesundheit, meines Kampfes um die Anerkennung der Fahrradsucht. Die Fahrradsucht war, wie ich wußte, sehr wohl mit den griechischen Tragödien vergleichbar, und gerade der Ort Helena weckte meine Erinnerung an jene Tochter des Zeus und der Leda, die Anlaß des Trojanischen Krieges hatte werden sollen.

Ein unglaublicher Reiz, so die ehrwürdigen Überlieferungen, muß von ihr, Helena, ausgegangen sein. Wegen ihrer Schönheit wurde sie von Theseus entführt.

Steht Helena hier nicht für das Fahrrad, den Reiz, den sich der Süchtige aneignen muß? Ist es nicht ein immerwährender Kampf, der Fahrradsucht zu entsagen, wie es auch einen Kampf um Helena gab? Helena, die Menelaos sich zum Gatten erwählte, wurde durch Paris entführt, den sie dann mit Aphrodite abspeiste. Der Kampf um Helena führte zum Krieg. Ist es nicht auch, so schoß es mir durch den Kopf, ein Krieg, den wir wegen des Rades in uns, mit uns führen, ständig und ständig, und gibt es nicht einen Krieg zwischen denen, die süchtig sind, und denen, die helfen wollen?

Eiligst mieteten wir uns einige Fahrräder und ein paar kräftige Eingeborene, die die schweren Kisten mit den Unterlagen meiner Krankheitsgeschichte auf ihre starken Schultern hoben, und machten uns auf den beschwerlichen Weg. Vorbei an gähnenden Abgründen, über unwirtliche, kahle Berge, gepeitscht von Winden, strampelten wir voran.

Nach zweieinhalb Tagen und Nächten durchdrang der Freudenschrei unseres Vorradlers die lautlose Stille. Vor uns, in einem Talkessel, an den Rand der Felsen geduckt, standen drei verfallene Hütten. In mir stieg ein unbeschreibliches Glücksgefühl auf, stieg und stieg, bis es meinen Charakterkopf erreicht hatte und hin und her toste. Himmel oder Hölle, Rettung oder Verderben, Eldorado oder Elend – ich spürte, hier würde sich mein Schicksal (und damit das der ganzen Menschheit) dringlich einer Entscheidung nähern.

Von den Schreien meiner Begleiter aufgeschreckt, kam aus der noch am besten aussehenden Hütte ein Mann. Es war, unverkennbar, John. John, eine Persönlichkeit, wie sie diese Erde nur selten zu tragen die Ehre haben dürfte.

Auf mich machte der Mann von vornherein einen überzeugenden Eindruck. Er war damals Mitte vierzig und schien sich bester Gesundheit zu erfreuen. Er trat auf mich zu, reichte mir seine kräftige Hand und sagte: »It's great, it's really great, isn't it?«

Anders als ich es oftmals mit den Psychiatern erlebt hatte, musterte er mich nicht mit kritischem, stechendem Blick. Seine sanften braunen Augen ruhten auf mir wie der Strahl der Morgensonne auf dem Tau. Wärmend, forschend, aber nicht vernichtend. Seine gesunde rote Gesichtsfarbe, aus der die Nase sich noch keck nach vorn reckte, sein durchaus massiger Körperbau, der gewaltige Bauch, der sich wellenförmig über einen zerschlissenen Indianergürtel gelegt hatte, das alles flößte mir spontan und nachhaltig Vertrauen ein. Das war ein einfacher, korrekter, ehrlicher Mensch, der auch kleine körperliche Unebenheiten nicht, wie so viele andere, verdecken wollte.

Mit einigen hastig gesprochenen Worten hatte ich meine Geschichte erzählt. Die Geschichte von sieben Fahrrädern, die ich im Traum auf einem Baum gesehen hatte, als ich vier Jahre alt war.

John blickte mir mit seinen warmen Augen unentwegt ins Gesicht.

Als ich John berichtet hatte, daß zwei Räder ohne Lenker, eines ohne Sattel, eines ohne Hinterrad und ein weiteres nur aus einem Gestell bestanden hätten, leuchteten seine warmen Augen auf, und er sagte: »Very nice, really, very nice.«

Er hatte mich also verstanden.

Endlich hatte ich den Mann gefunden, der mir helfen konnte. Endlich hatte ich das gefunden, wonach ich schon immer gesucht hatte. Ich weiß nicht, wie ich es nennen soll: Offenbarung, Erleuchtung, Wiedergeburt scheinen mir Worte zu sein, die die Größe dieser Begegnung nur unzureichend beschreiben.

John fragte mich, ob ich denn bar zahle oder mit Kreditkarte. Ich sagte ihm, beides sei möglich; als ich erwähnte, von der Kreditkartensucht, einem spezifisch US-amerikanischen Laster, gehört zu haben, nickte er verständnisvoll und gab zu erkennen, daß Bargeld ihm wesentlich lieber sei.

Mit einem Mal wußte ich: Alles, was die Psychiatrie bislang gemacht hatte, war Unsinn. Gleich, ob man von Sucht sprach, von Zwang, von Neurose oder von was sonst auch immer.

Ich empfand unbewußt, was ich später noch oft formulieren sollte: Es gab für mich und für John eine ganzheitliche Sicht des Menschen. Wer sich bewußt auf das Fahrrad setzt, der ist dazu unbewußt angetrie-

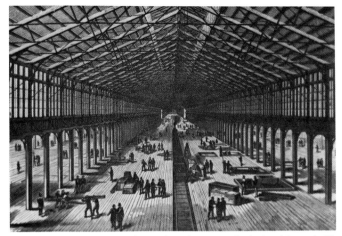

Mit dem ersten Honorar des »Fahrradmannes« änderte sich auch für John Wheel einiges. Endlich konnte er seinen langgehegten Traum vom eigenen, richtigen Haus erfüllen. Hier ein Blick in das gerade im Bau befindliche Schlafzimmer.

ben. Warum also das Fahren auf dem Fahrrad als zwanghaftes Verhalten kennzeichnen, wenn doch der Zwang von innen kommt, mit dem Instrument verschmilzt, bis daß die Speichen brechen?

Ich legte John, nachdem wir in seiner Hütte Platz genommen hatten, sofort dar, welche Erklärung ich für meine Fahrradsucht und die Bikophobie, also die Furcht vor dem Fahrrad, hatte.

John lachte laut auf, als ich den fehlenden Sattel auf einem der acht Räder mit meiner ödipalen Problematik zu erklären versuchte. Ein Lächeln huschte über sein Gesicht, und er fragte nur: »Haben Sie denn schon mal an die anal-sadistische Komponente gedacht?«

Wie ein heißer Schauer fuhr es mir durch den Körper. Daran hatte ich tatsächlich noch nie gedacht. Daß die fehlenden Räder meine Immobilität dokumentierten, das war mir klar. Wenn aber dies nun, wie John gleich danach andeutete, eine exogen-masochistische Kombination sei? Ja, was dann?

Ich mußte umdenken. Auch John war der Auffassung, ich würde wohl einige Jahre, wenn nicht gar Jahrzehnte, in seiner Behandlung bleiben müssen. Es gibt Menschen, sagte er, die eine solche lange Zusammenarbeit zwischen dem Patienten und dem Analytiker gar nicht schätzen. Die eitel sind, die sich gegen den Bikoanalytiker auflehnen. Das, sagte er, das soll aber nicht sein. Auch im Laufe der Analyse, so zwinkerte er mir zu, darf man nie »bäh bäh« zu seinem Analytiker sagen. Sonst stellt man letztlich den Erfolg der gesamten Therapie in Frage, auch wenn man schon viele, viele Fortschritte gemacht hat. Ich versprach, stets brav zu bleiben und nie unartig zu sein.

Nachdem ich eine stattliche Summe Geldes gezahlt hatte, begann John, sich um den Neubau seines Hauses zu kümmern. Ich zog in eine der windschiefen Hütten neben dem zügig entstehenden Hauptgebäude. So hatte ich Gelegenheit, John noch näher kennenzulernen.

Nachdem John Wheel seine erste Klinik für Fahrradsüchtige eröffnet hatte, nahm der bislang winzige, namenlose Fleck im Urwald einen ungeheueren Aufschwung. Bis hinter den Horizont reichten die Schlangen der zumeist mit Pferdegespannen anreisenden Hilfesuchenden.

John führte ein stilles, erfülltes Familienleben. Er war mit einer Ärztin verheiratet, hatte mit ihr acht Kinder und hatte zudem seinen Bruder Jack zu sich geholt. Mit ihm gemeinsam hatte er auch, wie er mir erzählte, den Durchbruch zur sich transzendierenden Selbsterkenntnis, dem Wirkungsprinzip der Bikoanalyse, vollzogen. »Nur eine höhere Macht kann uns retten«, hat er eines Tages (während eines entsetzlichen Sturms) Bruder Jack, mit dem er sich bikomanisch auf einem Tandem bewegte, ins Gesicht gerufen. Die höhere Macht, das seien sie selbst, beschlossen sie, schlossen ihr Tandem weg und gründeten die »Bikers Anonymous«.

Natürlich dürfen Bikomanen wie ich niemals vergessen, daß sie Menschen wie John immer unterlegen sind. Allein, was die Therapeuten an Kleinarbeit für einen leisten, was sie einem alles so abnehmen, wie sie den Alltag einrichten – solche Fertigkeit wird nur aus der Fülle geboren. Ich weiß, man darf nicht übermütig werden, auch wenn man die Bikomanie zurückgedrängt hat. Sie bleibt eine lebenslange Erkrankung. Heilung gibt es nie, nur das Heil der Therapie kann lindern.

Teil 2:

Aus der Geschichte einer infantilen Fahrradneurose

von John Wheel (»Bikers Anonymous«)

Vorbemerkung

Der folgende Fall ist durch eine Vielzahl von Eigentümlichkeiten ausgezeichnet, welche darzustellen von Interesse zu sein scheint.

Im Dezember 1910 tauchte hier ein seltsamer Kauz auf. Junger Mann, Österreicher, aus offenbar reichem Haus, der es sich leisten konnte, alle möglichen Kliniken dieser Welt um Hilfe bei seinem bikomanischen Problem anzugehen.

Die Bikoanalyse ergab:

- Exzessive Betätigung auf einem Dreirad; im fünften Lebensjahr Suchtverlagerung auf einen Tretroller, der ebenfalls exzessiv mißbraucht wurde.
- Entwicklung einer Bikophobie, Entwicklung von zwanghaften Inhalten, religiösen Wahnvorstellungen mit bis ins Erwachsenenalter (22 Jahre) reichenden Ausläufern.

Der »Fahrradmann« stammte aus einer intakten Familie. Allerdings kränkelte der Vater; die Mutter dominierte. Eine Kinderfrau, die ihn betreute sah in ihm einen Ersatz für ihren früh verstorbenen Sohn und schenkte ihm ein Dreirad. Handlungsanweisungen zum Gebrauch des Instruments wurden nicht gegeben. Eine Deckerinnerung des »Fahrradmannes«: er schaut, neben der Kinderfrau stehend, einem Wagen nach, der Vater, Mutter und auch die ältere und schwierige Schwester davonführt. Er geht allein ins Haus, fällt über das Dreirad, empfindet Einsamkeit und tröstet sich mit dem Gefährt, indem er wie ein Wahnsinniger die langen Korridore auf und ab fährt.

Eines Nachts sieht er im Traum, in einem unwirklichen Licht, an einem Baum insgesamt acht Fahrräder hängen, stehen, jedenfalls sich dort stationär befinden. Die Räder haben unterschiedliche Farben, zwei sind ohne Lenker, eines ist ohne Sattel, bei einem anderen Rad fehlen beide Reifen.

Die Analyse ist recht eindeutig. Die Räder ohne Lenker, das Rad ohne Sattel und das Rad mit den fehlenden Reifen – sie sind unvollständig.

Die Frage ist, was hat dies zu bedeuten? Gibt es in der Biographie des Patienten Hinweise, die uns hier weiterhelfen könnten?

Ich kann die ungeheure Komplexität des Geschehens hier nur andeuten; eine eindeutige wissenschaftliche Technik der Sammlung aller relevanten Daten im Zuge einer Bikoanalyse ist nicht möglich.

Ich kam nach eingehenden Gesprächen zu folgender Beurteilung:

Die beiden Räder ohne Lenker haben tatsächlich keine Lenker mehr aufgewiesen; das Fahrrad ohne Sattel könnte aber eine optische Täuschung gewesen sein. Im fahlen, bläulich-metallenen Mondlicht, das der Patient gesehen hat, kann der Sattel des einen Rades von einem Ast des Baumes verdeckt gewesen sein. Daß der Patient das Rad ohne Sattel sah, heißt nicht, daß es ohne Sattel gewesen sein muß oder wäre.

Hieran müssen wir anknüpfen: Wünschte der Patient möglicherweise das Rad ohne Sattel, wollte er alle Räder ohne Sattel sehen? Was ist der Sattel für ihn? Wir haben acht Räder, und eines ist ohne Sattel. Hat dies etwas mit der Familie zu tun? Ist dies ein Ausdruck des Penisneids des durchaus feminin wirkenden Bikomanen?

Im Laufe der Analyse fragte ich intensiv nach diesem Sattel. Das, was er den Fahrrädern zuschieben wollte – das Verschwinden oder Nicht-vorhandensein oder möglicherweise doch Vorhandensein des Sattels – das müssen wir vielmehr auf den Patienten schieben. Er hat hier, um ein Ergebnis der Analyse vorwegzunehmen, an einem ganz entschei-denden Punkt eine Verwechslung vorgenommen bzw. sie stattfinden lassen. Das Fahrrad ohne Sattel war, wie ich herausfand, gar nicht das Rad ohne Sattel, sondern es fehlte ihm das Vorderlicht.

Das Fehlen des Vorderlichts ist ein Zeichen von Dunkelheit. Hier wird die Kastrationsangst des Jungen deutlich. Er hat kein Licht mehr, mit dem er die Finsternis durchdringen könnte. Er hat kein Organ mehr, das ihm den Weg weisen würde in jene für ihn noch unbestimmte, dunkle andersgeschlechtliche Welt.

Die Wegnahme des Lichts – oder um genauer zu sein – der Lampe und ihres Lichts, wird kompensiert durch jene bereits erwähnte anal-erotische Komponente: Sitzen auf einem metallenen Rohr, aber ohne Sattel.

Eine überraschende Bestätigung meiner Analyse fand ich dadurch, daß der Patient erzählte, einmal habe er tatsächlich so etwas wie eine Lampe an diesem Rad gesehen; das sei aber kurz vor Ostern gewesen, vor dem Tag, an dem er etwas Neues hätte erleben dürfen, nämlich den Osterhasen, der im Park des elterlichen Anwesens Eier zu verstecken vorgab.

Ostern steht für Auferstehung (!). Nach den ersten 25 Jahren der Therapie stellte sich heraus, daß der Patient in seinem 0,3. Lebensjahr einer geschlechtlichen Vereinigung seiner Eltern beigewohnt hatte; hierbei fiel ihm auf, daß die Mutter etwas hatte, was dem Vater fehlte, andererseits der Vater etwas aufwies, worüber die Mutter nicht ver-fügte. Die von ihm empfundene Unordnung oder des nicht in Ordnung Seienden projizierte er auf die Fahrräder.

Die weitgehende Stabilisierung des Patienten mit Hilfe unserer Ana-lyse konnte leider nicht immer durchgehalten werden.

Als er im Jahre 1932 an Zahnfleischbluten erkrankte und zwei kariöse Zähne entfernt werden mußten, wurde er zu einem Arzt überwiesen, der ausgerechnet Dr. dent. Rad hieß.

Bei dem Versuch der Extraktion des ersten Zahnes wurde der Patient ohnmächtig und wachte erst einige Wochen später wieder auf. Danach begann er eine Vielzahl von Symptomen zu entwickeln, die jenen der hysterischen Obstipationen glichen. Er hielt sich dann für einen Fahrradreifen und erklärte, er könne es sich nicht mehr leisten, weiteres (gemeint: Luft) aus sich herauszulassen.

Zeitweise pflegte der Patient wieder exzessives Fahrradfahren, was mit Sicherheit einer Identifikation mit der verhaßten Mutter, dem Zerstören-Wollen der Mutter, entsprach. Als er einmal gegen einen Bauzaun fuhr, das Fahrrad dabei verbeulte und starkes Nasenbluten bekam, geriet er in Ekstase. Der Muttermord war vollzogen. Von diesem Moment an ging es ihm besser. Auch das Fahren auf Rädern ohne Sattel, was insbesondere in gebirgigen Gegenden bei nicht gut ausgebauten Straßen sehr schmerzhaft sein mußte, schränkte er ein, so daß wir die weitere Entwicklung mit Optimismus betrachten.

Teil 3:

Epilog
50 Jahre später – Rückblick auf den »Fahrradmann«

von John Wheel (»Bikers Anonymous«, Founder and President Int., Träger des Friedensnobelpreises etc.)

Wenn ich heute gefragt werde: »Was ist denn eigentlich aus dem »Fahrradmann« geworden?«, dann kann ich nicht uneingeschränkt eine positive Antwort geben.

Der Hergang der Tragödie liegt im Dunkeln der Bikoanalyse und der Bikomanie. Mich persönlich trifft daran keinerlei Schuld.

Jedenfalls endete der »Fahrradmann« durch Selbstmord.

Mir wurde berichtet, daß ihm zugetragen wurde, mein Nachname, der Name seines Therapeuten also, sei »Wheel« gewesen, bevor ich die »Bikers Anonymous« gegründet hatte.

Daß die Person, der er Vertrauen geschenkt hatte, früher den Namen »Rad« führte, muß den »Fahrradmann« gänzlich aus der Bahn geworfen haben. Jedenfalls hörte ich, daß er sich mit einem Fahrrad ohne Lenker auf den Weg nach Monte Carlo gemacht hatte, um dort, wie er Angehörigen erklärt haben soll, »die Spielbank zu sprengen«.

Naturgemäß muß seine Fahrweise durch den fehlenden Lenker auf den Serpentinenstraßen beeinträchtigt gewesen sein. Er stürzte in eine Schlucht; das Fahrrad wurde schwerstens beschädigt, er selbst brach sich viele Knochen, auch das Genick. Ex.

Was uns dennoch tröstet, ist, daß er durch die Bikoanalyse lange Zeit seines Lebens beschwerdefrei verbringen konnte.

Die letztendliche Zerstörung des Fahrrades dürfte ihm die Gewißheit gegeben haben, endlich seinen Mutterkomplex überwunden zu haben.

Bilddokumentation zur Therapie der »Bikers Anonymous«

nach John Wheel, Montana, USA

Großzügige Spenden ermöglichten bereits 1911 die Errichtung einer Klinik für Fahrradsüchtige in der Nähe von Helena, Montana, USA.

Die folgenden Fotos (Aufnahmezeit: ca. 1906–1915) stammen aus dem Nachlaß des »Fahrradmannes« und sind zu Recht in der Fachwelt als sensationell bezeichnet worden. Sie zeigen die psychische Verrottung der Fahrradsüchtigen und zugleich die Schwierigkeiten der Therapie.

Ein früher Beleg für Substitutionstherapie in der Gruppe von John Wheel. Statt des Fahrrades wird die Person mit einem Kinderwagen versehen; sie soll allmählich die Existenz von mehr als zweirädrigen Gegenständen begreifen lernen.

In der Mitte des Bildes eine Fahrradsüchtige, die als »Ehemalige« therapeutische Arbeit mit verrichten darf; links oben der Supervisor.

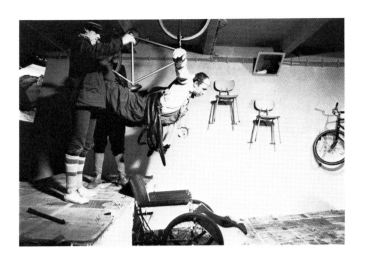

Infantiles Omnipotenzempfinden kennzeichnet den Fahrradsüchtigen. Wir sehen den »Fahrradmann« bei einem seiner Versuche, fliegen zu wollen. Er ist der Auffassung, daß allein das Aufhängen des Fahrrades an der Decke dazu führt, daß er sich wie ein Vogel durch die Luft bewegen kann. Mit hysterischer Obstipation hatte sich der Patient einige Zeit seines Lebens zu plagen. Wie auf dem Bild zu erkennen ist, hat er sich einige Fahrradreifen um den Bauch gehängt; in solchen Phasen verweigerte er jeglichen Kotabgang; selbst zum Urinieren ließ er sich nur schwer bewegen, immer mit der Begründung: »Ich muß alles bei mir behalten, sonst komme ich nicht zum Fliegen.«

Auf dem Bild ist erkennbar, daß als Vorsichtsmaßnahme bereits ein Rollstuhl bereitsteht; die Erfahrung des harten Aufschlags auf den Boden sollte dem Patienten allerdings aus therapeutischen Überlegungen nicht erspart werden.

Dieses Fotodokument einer Therapiegruppe von John Wheel zeigt diesen in der Mitte (mit Rohrstock). Links von ihm befindet sich ein Fahrradsüchtiger (Zustand kataleptischer Starre und ausgerenkter Beine), der aus einer Selbsthilfegruppe zur Therapiegruppe gestoßen war.

Diese Person hat sich die Augen verbunden, um sich der optischen Reize des Fahrrades zu entziehen.

Bei dem Vogel auf dem Kopf des Fahrradsüchtigen handelt es sich um einen Kakadu.

Die flehende Haltung der Person rechts deutet an, daß noch keine Einsicht in die Krankheit vorhanden ist, daß mit simplen Bitten versucht wird, den Therapeuten von seinen Maßnahmen abzubringen. Erfreulicherweise blieb dies ohne Erfolg, und die Fahrradsüchtigen bekamen dann den Rohrstock zu spüren.

Im Spiegel sehen wir eine Gruppe von Fahrradsüchtigen, die sich noch nicht von ihrem Suchtinstrument lösen kann. Andererseits sind sie nicht mehr in der Lage, das Rad zu besteigen; eine therapeutisch günstige Situation für Interventionsstrategien.

Die Person im Vordergrund haben wir bereits beschrieben; sie wird noch einige Stunden in dieser Weise an ihrem Platz verharren; die einzige Bewegung kommt von dem oben sichtbaren Kakadu.

Wie schwierig die Einleitung eines therapeutischen Prozesses ist, zeigt dieses Bild. Die fahrradsüchtige weibliche Person in der Mitte lacht über das Ansinnen, dem Fahrrad entsagen zu sollen; die Person rechts leidet unter hysterischer Obstipation; die um den Bauch gehängten Fahrradreifen sind an anderer Stelle in ihrer Funktion schon beschrieben worden.

Die Personen links sollen die aufgehängten Suchtinstrumente bewachen; auch harter körperlicher Einsatz sichert nicht in allen Fällen, daß die Fahrräder tatsächlich unbehelligt bleiben.

Therapieresistenz: Die weibliche Person wehrt sich nach wie vor, therapeutische Schritte zu unternehmen.

Für kurze Zeit gelingt es ihr, sich vom Wachpersonal loszureißen. Sie klammert sich an das Fahrrad und zeigt ein beglücktes Gesicht; sie hat ihr Ein und Alles wiedergefunden.

Die räumliche Trennung vom Fahrrad ist für die Süchtige kaum verkraftbar. Sie versucht immer wieder, ihr Fahrrad anzurühren. Der desolate Zustand des an der Wand aufgehängten männlichen Fahrradsüchtigen schreckt sie nicht davon ab.

Geräuschisolation ist für Fahrradsuchttherapie sehr wesentlich; die Schreie erreichen in etwa die Lautstärke eines startenden Düsenflugzeugs. Beim an der Wand hängenden Fahrradsüchtigen beachte man die verdrehten Beine.

Die Klinik der Fahrradsucht

Bikomanischer Verfall

Scheinbare Leichtigkeit, Fröhlichkeit, Unbekümmertheit der Patientin (Oktober 1904).

November 1904: Einweisung, kataleptische Starre, die auch bei bedeutsamen Ereignissen, wie der Vorführung im Psychiatrischen Landeskrankenhaus, nicht gebrochen werden kann.

Gliedmaßenkatalepsie

Lenkersyndrom

Anti-Klappmesser-Syndrom

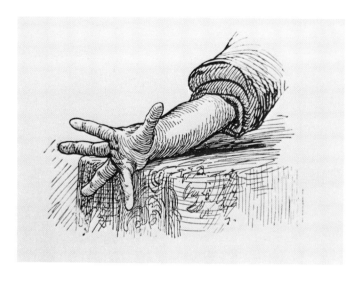

Sogenannte Spreizhände. Die Fehlstellung ist nur durch Amputation behebbar. Hervorgerufen durch andauerndes Betätigen der Klingel.

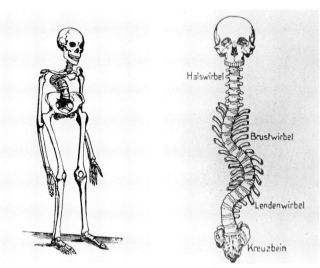

Klappmesser-Syndrom (Virchow)

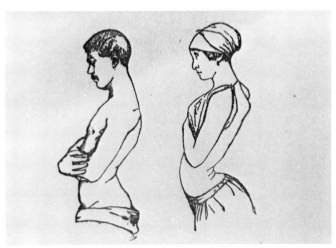

Anti-Klappmesser-Syndrom (Selbstheilungsversuch)

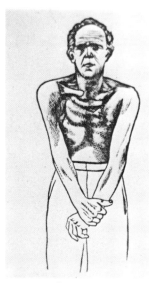

Schmal-Lenker-Syndrom

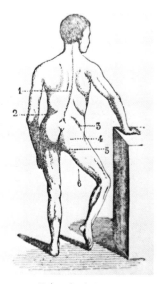

Kniegelenkstarre (durch zu häufiges Übersteigen der Mittelstange).

Sitzhaltung nach Klappmesser-Syndrom.

Anti-Klappmesser-Syndrom

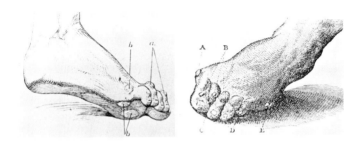

Radfüße: Die Sucht nach Befriedigung durch Fahrradfahren (exzessiv) führt zur Anlage neuer Glieder (fatale bikomanische Mutation).

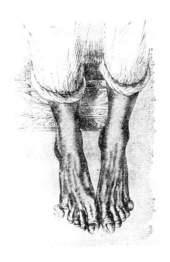

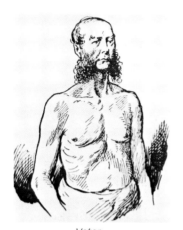
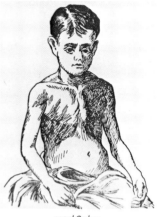

Vater *und Sohn*

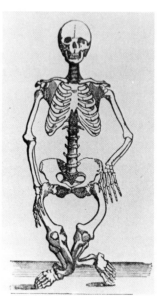

Vater, skelettiert.
Knickbeine, bikomanisch.

Genetische Veränderungen

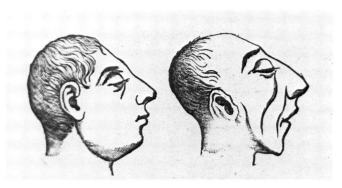

Abflachung des Schädels durch Fahrtwind.

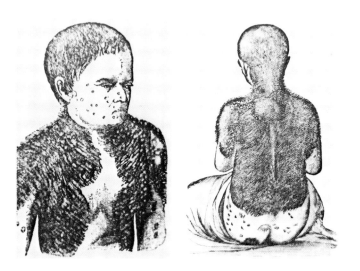

Zunehmende Behaarung (kein Atavismus!) zum Schutz vor Fahrtwind.

Psychische/Psychiatrische Veränderungen

Überbürdung. Der noch kindliche Junge zieht sich bei der Unterstützung seiner bikomanischen Mutter schwere innere Verletzungen zu.

Realitätsverlust. Der jugendliche Trikomane (Dreiradsüchtiger) empfindet sich seinem Vater gegenüber in einer superioren Position.

*Bikomanische Idioten
(letztes Stadium)*

Beispiel für Kontrollverlust (England, 1900):

Beispiele für Kontrollverlust (England, 1900):

Beispiel für Kontrollverlust:

Größenwahn

Auf Veranlassung der Industrie wird mit der Verlockung geworben, beim Konsum der Produkte (= Fahrrad) werde man größenwahnsinnig.

Der Größenwahnsinnige, hier nochmals im Detail. Man beachte die rückwärtsgerichtete Lagerung des Fahrrads auf der abschüssigen Bahn der Pyramide. Der Blick des Größenwahnsinnigen geht in eine andere Richtung, ein weiteres Zeichen für den Realitätsverlust.

Im Landeskrankenhaus stellte er sich so vor:

Vergleich: Mensch – Bikomane

männlich

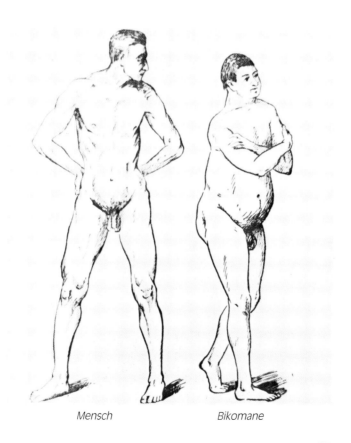

Mensch　　　　　　　　Bikomane

Vergleich: Mensch – Bikomane

weiblich

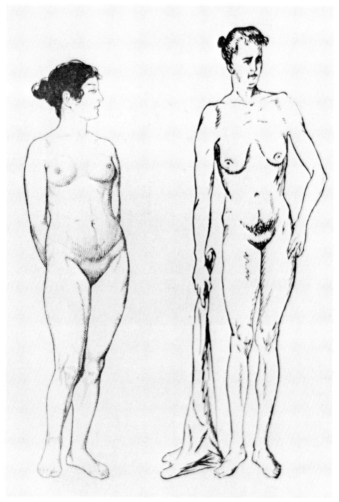

Mensch   *Bikomanin, Bikonistin*

Vergleich: Mensch – Bikomane

weiblich

Mensch Bikomanin, Bikonistin

Der Hölle entronnen
Ein dramatischer Fahrradsucht-Roman

Bleich und zitternd, so stand Kerstin von Schreckensberg vor ihrem Vater und starrte ihn an, die tiefblauen Augen weit aufgerissen. Entsetzen war dem Mädchen mit dem flachsblonden Haar und den tiefblauen, an einen Bergsee erinnernden Augen ins zarte Gesicht geschrieben.

Nein, das konnte doch nicht sein. Das war doch nicht die Wirklichkeit! Oder doch?

Sollte sie einen Fremden heiraten, um ihre Familie vor dem Ruin zu retten, in den sie und das geliebte Mütterlein durch die hemmungslose Fahrradsucht des »Vaters« getrieben worden waren? Des Vaters, der den alten Familienbesitz derer von Schreckensberg heruntergebracht, die Ehre seiner ihm Anvertrauten besudelt und sich willenlos dem Bike ergeben hatte?

»Vater – nein, ich kann es nicht.« Stammelnd kamen diese Worte über die blaß gewordenen Lippen der jungen, unberührten Schönheit.

Ein finsterer Blick des Vaters traf sie. Harsch und schneidend standen die gehetzt gesprochenen Worte im Raum.

»Kerstin, Du mußt! Nur Du kannst uns retten! Mutter und mich!«

Ja, die Mutter. Kerstin liebte ihre Mutter, jene kleine, zarte Person, die ihr schon in frühester Jugend mehr bedeutet hatte als der stets ernste, düstere, abgehetzte, unstete Vater.

Herr von Schreckensberg, der instinktiv spürte, wie sehr dem Mädchen sein abscheuliches Treiben zuwider sein mußte, machte eine weit ausholende Bewegung mit dem Arm, der ebenso gespannt war wie der muskulöse, füllige Körper des Taugenichts.

»Ach! Du liebst mich nicht, mein Kind. Dann tu es wenigstens für Deine Mutter!«

Herr von Schreckensberg war haltlos in vielerlei Beziehung. Er trieb sich gerne mit Frauen zweifelhaften Rufes herum – etwas, was Mütterchen großen Gram bereitete.

Mütterchens bedächtige Ermahnungen schlug der Unhold in den Wind.

Die tiefblauen Augen von Kerstin ruhten forschend auf dem düsteren Gesicht des Vaters. Ihr Blick trübte sich, ein eiskalter Schauer rann ihr über den Rücken. Das Schlagen ihres Herzens dröhnte in allen Teilen ihres jungen Körpers. »Liebe« – welch ein Wort war da dem kantigen Gesicht des Vaters entglitten. Als hätte sie jemals »Liebe« von ihrem Vater bekommen.

Die Gedanken rasten wie Rennräder durch ihr gemartertes Gehirn. Warum nur, warum war es so weit gekommen? Welch ein Schleier hatte sich in der Vergangenheit auf die Seele ihres Vaters gelegt, warum nur trug er ein so finsteres Wesen zur Schau?

Seine Lippen zuckten, er machte abwehrende Bewegungen, während es Kerstin durch den Kopf schoß: Vater muß schon in seiner Jugend ein Fahrradsüchtiger gewesen sein. Ja, das mußte so sein. Und Mutter, ihre geliebte Mutter, hatte er nur zur Frau genommen, weil er es auf das beträchtliche Vermögen dieser zarten, kleinen, tapferen Person abgesehen hatte.

Kerstin wußte: So ein Fahrradsüchtiger ist zu allem fähig. Er spricht von Liebe, mit leuchtenden Augen, die aber nur das Geld sehen, das er zur Befriedigung der Fahrradsucht benötigt – wie ein Fischlein im Bach das saubere Wasser.

Kerstin atmete tief und schwer. Erregte Worte des Vaters durchbrachen die Stille und prallten an die schlanke, weißgekleidete Mädchengestalt:

»Ich bin in der Hand des Fahrraddealers«, keuchte Herr von Schreckensberg. »Du heiratest ihn. In 14 Tagen. Basta.«

Erregung glomm in den Augen des Süchtigen.

»Zur Heirat bekomme ich auch ein 24-Gang-Rad. Und eine elektrische Luftpumpe. So eine Chance kriege ich nie wieder im Leben.«

Ein Schatten der Verzweiflung verdüsterte das Gesicht von Kerstin. Hart spürte sie den Aufprall, als sie ohnmächtig auf den Boden niedersank. Ihr Vater – welch ein Wort für diese ehrlose Bestie – ihr Vater wollte ihr Leben zerstören, um seiner schnöden Sucht willen.

Entsetzt war Annedore, ihre treue Kinderfrau, herbeigeeilt.

Die blauen Augen des alten Fräuleins blickten voll Bangen auf ihre zusammengebrochene Kerstin. Ein langgezogener Schreckensschrei entrang sich ihrem nicht sonderlich hübschen, aber ehrlichen und tapferen Gesicht. »Oh Gott!« Sie klopfte mit ihren rauhen Händen gegen die eiskalte Wange von Kerstin. »Es wird alles wieder gut! Hab Vertrauen, Kerstin!«

Wie aus einem Alptraum erwacht, schlug Kerstin die tiefblauen Augen auf. Sie wußte, es durfte nicht geschehen. Ihr junges Leben und das des geliebten Mütterleins, das sie zu beschützen schon immer als ihre vornehmste Aufgabe wähnte, durften nicht von einem haltlosen, besessenen Kriminellen zerstört werden.

Aber wie dem Verhängnis entgehen?

Behutsam stützte sich Kerstin auf ihre treue alte Kinderfrau. Die Worte »Es wird alles wieder gut!« klangen noch in ihrer Seele, nur sie klangen unendlich weit entfernt.

Ein bleierner Schlaf warf Kerstin von Schreckensberg nieder.

Als sich ihre tiefblauen Augen wieder öffneten, waren 36 Stunden vergangen. Die blauen Augen des alten Fräuleins Annedore ruhten auf ihrem bleichen Antlitz. »Du warst bewußtlos, Kerstin«, sagte sie. »Du bist von einem Unwohlsein befallen worden, und wir haben Dich gleich auf Dein Lager gebettet. Der Arzt konnte aber nichts feststellen.«

Kerstin fröstelte vor Grauen und Angst. Zwei Tage waren vergangen, fast zwei Tage, seit jenen schrecklichen Sekunden, in denen der Vater ihr die Hochzeit mit dem Fahrraddealer angekündigt hatte. Mit einem Ruck erhob sich Kerstin, und verzweifelt entrang sich ihrem sinnlichen Mund die Klage: »Nur noch zwölf Tage! Zwölf Tage! Ach!«

Annedores Augen blickten auf ein tränenüberströmtes, totenbleiches Gesicht. Kerstin schien es, als stocke ihr eigenes Blut in ihren eigenen Adern. Schluchzend brach es immer wieder über ihre Lippen und aus ihr hervor: »Nur noch zwölf Tage.« Sie barg das tränennasse Gesicht in ihren Händen, wollte, es würde nie wieder ein Lichtschein die von ihren zierlichen Händen geformten Höhlen vor den Augen durchbrechen.

Bitternis, unendliche Bitternis beschlich ihre Seele.

Kerstin dachte daran, daß sie zwar manchen Bewerber im Laufe ihres 18jährigen Lebens kennengelernt, sich aber noch nie einem geöffnet hatte. Sie war ein unbeschriebenes Blatt, wie man so sagt. Bislang hatte sie noch nie daran gedacht, einem Bewerber mehr als ein vorübergehendes Interesse zuzuwenden. Sie hatte, wenn einer der Verehrer Anstalten machte, sich ihr zu nähern, schon nach kurzer Zeit entdeckt, daß diese nicht so waren, wie sie eigentlich gehofft hatte. Schon wenn

Richtig schlimm wurde es, nachdem der Unhold fahrradsüchtig geworden war. Heimlich schlich er aus dem Haus, um seiner Sucht zu frönen. Anfangs hatte er dabei noch ein schlechtes Gewissen.

Bald aber hatte Herr von Schreckensberg seine Hemmungen überwunden. Er gab sich der Fahrradsucht schrankenlos hin. Hier ein Beispiel für den Kontrollverlust, den zu erleben Kerstin von Schreckensberg immer und immer wieder gezwungen war.

sie einem jener Männer, die manchmal ihr Vater ins Haus brachte, die Hand schüttelte, wich sie vor den wenig feinen Gliedern zurück.

So unbeschrieben, jungfräulich sollte sie sich einer Bestie ausliefern, einem, der Fahrräder verkaufte und damit Millionen Menschen ins Unglück stürzte, hämisch sich auch noch daran erfreuend?

Der Kummer drückte sie nieder und warf sie, wie der Hurrikan eine zarte Flaumfeder, aufs Bett. Wieder und wieder preßte sie die Hände vor ihr Gesicht; eine dicke Kruste Salz, aus ihren Tränen gebildet, überzog ihre anmutigen Finger.

Es mußte etwas geschehen. Ein teuflischer Plan begann hinter der zarten Stirn und den flachsblonden Locken zu keimen.

Kerstin hatte immer und immer die Tränen trocknen müssen, und jetzt stürzten die Bäche wieder aus ihren Augen heraus. Sie stürzten auf das amerikanische Magazin, welches sie bei ihrer treuen Kinderfrau Annedore gefunden hatte, und in dem etwas gestanden hatte, was ihr weiterhelfen konnte. Ihr zermartertes Gehirn gab ihr den Hinweis auf einen humorvoll geschriebenen Artikel, der sich, wie sie meinte, sich sicher erinnern zu können, darum drehte, wie man Fahrradsüchtige wieder los wird.

Sollte es Rettung geben? Sollte dies die Rettung sein? Sollte doch noch alles gut werden?

Mit zitternden Händen zog sie das tränennasse, bunte Heft an sich. Erregt blätterte sie, und da fiel ihr Blick auf das Antlitz eines jungen Mannes. So, wie er sie aus dem Heft anzuschauen schien, leuchteten seine großen grauen Augen hell und froh, belebten sie sein feingeschnittenes Gesicht und verklärten es zu holder Lieblichkeit.

Diesem Mann mußte man vertrauen, so schoß es Kerstin durch den gemarterten Kopf. Wie gebannt hingen ihre Blicke an den Zeilen. Ihr Herz schlug ihr bis zum Hals heraus. Als sie dann die Worte »Es gibt noch Hoffnung! Nur Mut!« las, setzte ihr Herz für kurze Zeit aus, um dann in ein rasendes Pochen zu verfallen.

Der Verfasser, es mußte ein umfassend gebildeter Mann sein, empfahl allen, den Fahrradsüchtigen nur hart genug entgegenzutreten. Wenn man jenen entmenschten Wesen klarmachte, welches Unglück sie über ihre Lieben und sich selbst brächten, dann würden diese Menschen dadurch mehr erschüttert als durch das Fahren selbst auf dem holprigsten Kopfsteinpflaster. Damit er helfen könne, hatte der feine junge Herr seine Telefonnummer angegeben.

Sollte sie es wagen, ihn anzurufen?

Was würde dann passieren? Würde er sie überhaupt ernst nehmen? Wäre eine Bitte, die sie an diese so hochgestellte Persönlichkeit kaum zu formulieren wagte, überhaupt etwas, was diesem mehr als ein müdes Lächeln abringen würde? Könnte sie gar die Hoffnung hegen, ihn, und das auch noch in den verbleibenden wenigen Stunden bis zu der Hochzeit, zu sich nach Hause einzuladen, wo er dann dem Unhold, dem Vater, die Leviten lesen würde?

Fragen über Fragen. Kerstin schauderte immer und immer wieder zusammen. Nein, sie durfte sich nicht zuviel Hoffnung machen. Wer weiß, ob der Mann überhaupt erreichbar, ob er nicht etwa von den Killern der Fahrradhersteller längst getötet und – in einen Betonblock eingegossen – auf dem Grund des Meeres lag?

Sie seufzte tief auf. Annedore schaute sie fragend an. »Warum stöhnst Du so, Kerstin?« Kerstin richtete einen seltsam schaurigen Blick auf ihre liebe Kinderfrau, die schon vor 48 Jahren in die Dienste derer von Schreckensberg zu treten sich entschlossen hatte. Sie preßte ihre Hände zusammen, die Angst schnürte ihr die Kehle zu, aber sie preßte noch hervor: »Da! Die Nummer! Ruf an, vielleicht ist es die Rettung.«

Was Kerstin nicht zu hoffen gewagt hatte, trat ein. Annedore hatte bereits beim ersten Wählen den feinen Herrn am anderen Ende der Leitung. Natürlich, er würde gern kommen, natürlich müsse sie dafür auch die Rechnung bezahlen, natürlich aber lasse er ihr Zeit, bis sie sich wieder gefangen habe. Mit solchen Fällen habe er in der letzten Zeit häufiger zu tun, so hatte er Annedore anvertraut. Aber das sei schließlich sein Geschäft, und so könne er wahrlich nicht darüber klagen. Am nächsten Tag schon wollte er die Reise antreten; dann sei noch innerhalb der Zeit, die Annedore ihm angstvoll genannt hatte, das schaurige Werk zu vollenden.

Kerstin sah, trotz der verzweifelten Situation, sehr reizend aus; apart waren ihre Wangen gerötet, ihre großen Augen leuchteten unter den flachsblonden Haaren, als sie am nächsten Vormittag zur Tür schritt.

Vor ihr stand der Jüngling aus der Zeitung. Mit seinem scharfen, zufassenden Blick musterte er Kerstin. Offenbar fiel diese erste Musterung sehr befriedigend aus. Kerstin war, trotz ihres Leids, eine nicht nur repräsentative und sympathische Person, sie war auch ausnehmend hübsch.

Seine Augen leuchteten in die ihren, er nickte stumm, preßte ihre Hand gegen die seine, daß es sie fast ein wenig schmerzte. Stumm standen die beiden ineinander versunken; stürmischer Jubel und bittere Trübsal stritten sich in ihren Herzen. Aber sollte nicht das Glück Oberhand gewinnen? Im Inneren frohlockten beide, in Erwartung dessen, was ihnen die nächsten Stunden bringen würden.

Im Gespräch, das auch alle geistigen Gebiete ausführlich berührte, wurden sie sich einig: Er würde den Vater zur Rede stellen, in der Hoffnung, daß jene Worte einen nachhaltigen Eindruck nicht zu verfehlen in der Lage sein würden.

Mit einem Mal schien es Kerstin, als sei sie ganz stark geworden. Bitternis, die ihre Kehle gewürgt und immer wieder Tränenströme in Bewegung gebracht hatte, jene Bitternis war verschwunden. Sie sehnte den Moment herbei, wo es zu einer Lösung käme.

Das sollte schneller gehen als vermutet.

Ein keuchendes Gepolter auf der Treppe, dumpf dröhnten Schläge im Treppenhaus, als der fahrradsüchtige Halunke mit einem seiner Rennräder die Stiege hochhastete. Mit lautem Knallen schlug die Tür

Tatsächlich – der junge Mann aus der Zeitung war herbeigeeilt. Würde er die Rettung bringen? Er, Kerstin von Schreckensberg und das alte Kinderfräulein Annedore wußten es nicht.

hinter ihm ins Schloß und wieder standen harsch die erregt gesprochenen Worte im Raum:

»Hä Hä! Bald krieg' ich ein neues Rad, und Dich werde ich auch los, Kerstin!« Und: »Dann geht's aber voll geil ab!«

Die harten Worte prallten an die Wände des kleinen Raumes, und erst jetzt bemerkte der Süchtige, daß eine weitere, vornehm gekleidete Person sich schützend vor Kerstin von Schreckensberg gestellt hatte. Unsicher blickte das entzündete Auge, stammelnd kam über seine Lippen: »Wer bist'n Du?«

Die Frage des entmenschten Monsters blieb ohne Antwort. Stechende Blicke des elegant gekleideten Mannes schienen den Unhold zu durchbohren. Wie ein Fels in der Brandung stand der Herr mitten im Raum. Obgleich schmal im Gesicht, schlank und hoch gewachsen, mußte er dem »Vater« wie ein Prellbock vorkommen.

Das hatte der elegante, junge und so energische Mann Kerstin bereits anvertraut: Er war einer, der sich auf das »Deprogrammieren« verstand, einer, der, wie er gesagt hatte, »falsch gepolte« Menschen wieder gesund, ganz und heil machte. Er hatte Kerstin erzählt, daß er seine Karriere, die ihm schnell zu Berühmtheit und Publizität verholfen hatte, an den Angehörigen einer müllfressenden Sekte in Wisconsin begonnen hatte. Nach dem Deprogrammierungsprogramm hatten diese Menschen zurück zu Kaviar und Champagner, Hummer und himmlischem Moseltröpfchen gefunden. Freilich, auch das hatte er, ehrlich wie er war, nicht verschwiegen, mit den Fahrradsüchtigen war es nicht so einfach. Es galt, nicht nur einige Dämonen, Teufel und wie man die unguten Gesellen auch sonst nannte, die sich in den Besitz eines Menschen gesetzt hatten, zu vertreiben. Nein, ganze Heerscharen müßten aus dem Bikomanen ausgetrieben werden, damit dieser endlich mit seinen Füßen wieder auf den Boden der Tatsachen zurückkommen konnte.

Kerstin grauste, als sie im Innersten jene Spannung verspürte, die sich im Raum gesammelt hatte und diesen zu bersten drohte. Heiß pochte ihr Herz, jede Faser bebte zwischen der Hoffnung auf Rettung und der Furcht, der grenzenlosen Furcht, dem Schicksal nicht entrinnen zu können. Immer noch stand der elegante junge Mann regungslos im Raum. Immer noch bohrten sich seine Augen in das Gegenüber, in die Person, zu der »Papi« zu sagen Kerstin längst verlernt hatte.

Nun aber mußte das Deprogrammieren beginnen. Wie er es wohl anfangen werde, das fragte sich Kerstin erregt. Würde er es schaffen, diesen Süchtigen aus dem Kreislauf, aus dem unentrinnbar scheinenden Rad herauszureißen, ihn wieder mit Erde, Weltall und Menschheit zu versöhnen?

Der Elegante wußte es selbst nicht. Seine vielen Erfolge bei den Sektenopfern machten ihm zwar Mut, aber die gewaltige Aufgabe war, wie er wußte, nur mit gigantischer Kraft zu lösen.

Der gerade die Treppe hochgepoltert war, der nun starr im Raum stand und sich den Blicken des Deprogrammierers ausgesetzt sah, der geriet urplötzlich in Bewegung. Als hätten die Blicke wie Nadelstiche in seine schwieligen Sohlen gepiekt, so sprang der Unhold hin und her.

Das war der Moment, in dem es handeln hieß. Der Fels in der Brandung – der elegante junge Mann – zeigte, daß in ihm noch ganz anderes steckte. Auch er begann, sich zu bewegen, schnell und immer schneller paßte er sich dem Gehüpfe und Gepoltere des Vaters an. Wie die Blicke getroffen hatten, so trafen jetzt die Worte den Süchtigen. Er sei ein haltloses Monster, ein verkommener Zombie, ein stinkendes Etwas, das waren die harmlosesten Ausdrücke, mit denen der Deprogrammierer den Unhold bedachte. Schneller als je ein Rennrad wird fahren können, so prasselte ein Vorwurf nach dem anderen auf den Vater ein. Jede von dessen unbeholfenen Bewegungen wurde von dem Retter nachvollzogen, und dieser verstand es sogar, das Tempo furios zu steigern.

Mit einem Mal riß sich der elegante Mann aus der Bewegung heraus. Da stand sie wieder, die Säule in der Brandung, und da waren sie wieder, die bohrenden Blicke.

Allmählich kam auch der Fleischkoloß, unter stetig schwächer werdenden Erschütterungen des wabbeligen Fleisches, zur Ruhe, zum Stillstand. Wieder bohrten die Blicke, wieder wich der Süchtige aus, schien wie angenagelt im Raum verharren zu wollen.

Kerstin graute vor der Reaktion. Wie würde Papi dies aufnehmen, wie würde er darauf reagieren, daß sie, die er immer für klein, zart und unbedacht gehalten hatte, ihm mit gleicher Münze heimzahlen ließ, auch wenn es sie ein Vermögen kosten sollte?

Dümmlich fragend blickte der Vater im Zimmer umher. Sein fahler Mund mit den dünnen Lippen öffnete sich, und ein Gurgeln drang daraus hervor. Er wankte, so etwas hatte Kerstin schon oft gesehen,

117

Schneller als gedacht gelang es, den Unhold dauerhaft aus dem Weg zu räumen. Dieser Kontrollverlust war der letzte, den Herr von Schreckensberg erlebte.

aber plötzlich fiel er um wie ein gefällter Baum. Sein zu einer entsetzlichen Grimasse verzerrtes Gesicht sank in den hochflorigen Teppich, auf dem Kerstin und ihr Retter standen.

Befriedigt beugte sich ihr Begleiter über den Gefallenen, dessen Gesichtsfarbe nun seltsam blaurot war, wie ein Sonnenuntergang in der Arktis.

Erwartungsfroh ruhten die treuen Augen des Retters in denen Kerstins. Es handelte sich, das hatte er gleich erkannnt, um einen Schlaganfall. Der Süchtige war mausetot.

Annedore, durch das Gepolter der zusammenbrechenden Fleischmasse des Vaters alarmiert, stürzte in den Raum. Sie sah, was sich ereignet hatte, und ging mit einem triumphierenden »Halleluja« ans Telefon.

Wenige Minuten später traf der Arzt ein.

Er warf nur einen abschätzigen Blick auf den mittlerweile ganz blau angelaufenen und steif gewordenen Klops auf dem Boden und sagte: »Der ist ex.«

Kerstin wurde wachsbleich, dann feuerrot. Sollte es tatsächlich geschehen sein?

»Vor wenigen Minuten stand er noch aufrecht vor mir und beschimpfte mich«, sagte sie. »Mein Vater. Sind Sie denn sicher, daß er tot ist?« brach es fassungslos aus ihr hervor.

»Wenn ich was sage, junges Fräulein, dann werde ich es niemals widerrufen. Ihr Vater ist tot, mausetot. Er muß sich über etwas furchtbar erregt haben.«

Der elegante junge Mann, ihr Retter, pflichtete dem bei. »Ja, irgendwas muß schon vorgefallen sein. Irgend etwas hat ihn wohl sehr erregt. Aber, es geschieht ihm ja recht.«

»Und ist es wirklich nicht möglich, ihn ins Leben zurückzurufen?« Angstvoll zitterten Kerstins Worte im Raum.

Unwille stand im Gesicht des Arztes, als er sich Kerstin zuwandte: »Da ist nichts mehr zu machen. Lassen Sie die Hoffnung fahren.«

»Wirklich nichts, auch nicht mit diesen modernen Techniken?«

Nun schien es ihr, als sei der Arzt beinahe etwas böse geworden. »Nein, nein, nein! Hier ist nichts mehr zu machen. Finden Sie sich doch damit ab.«

Jubilierend fiel Kerstin ihrem Retter um den Hals.

»Hast Du gehört«, so flüsterte sie immer wieder, »hast Du gehört – er ist tot!«

Jetzt waren es Schreie der Freude, die sich ihren sinnlichen Lippen entrangen. Die Tränen, die flossen, waren Tränen des Glücks.

Ein halbes Jahr später waren Kerstin und ihr Retter Mann und Frau. Sie brachten den Rest des Erbes derer von Schreckensberg – das treue Mütterlein hatte doch noch einiges heimlich beiseite geschafft – in jene Klinik ein, die ihr Retter mit ihrer Hilfe zu errichten in der Lage gewesen war. Sie erteilte ihm auch Prokura, und er rückte in ihre Rechte ein.

Von Jahr zu Jahr verschmolzen die beiden inniger miteinander.

Beide wurden die geistigen Führer im Kampf gegen die Fahrradsucht.

Wenn sie dann, alt geworden, Arm in Arm durch die herrlichen Felder, Wälder, Wiesen und Auen streiften, dann sahen sie andächtig auf die Menschen – und die Menschen auf sie.

Das Glück leuchtete allen aus den Augen, volles, reines Menschenglück im ersten fahrradfreien Staat der Welt.

Bereits wenige Stunden nach Beendigung der finalen Therapie war Beerdigung. So glücklich hatte sich Kerstin von Schreckensberg noch nie gefühlt. Während man den Halunken verscharrte, ergriff Kerstin behutsam die Hände ihres Retters. Sie erlebte auch einen Kontrollverlust, aber anderer Art. Knapp neun Monate danach (und später noch einige Male) kam sie wieder zu Bewußtsein.

Klinische, psychiatrische und psychische Aspekte der Fahrradsucht nach dem Forschungsstand des Jahres 1928

1928 erschien die deutsche Fassung des Buches »Giganten der Landstraße«, im Untertitel als ein »Rennfahrer-Roman« vorgestellt. Verfasser war André Reuze.

Das Buch ist eine Verherrlichung der Fahrradsucht, liefert aber – vom Verfasser ungewollt – ein regelrechtes Kompendium der Symptome der Fahrradsucht, ihrer körperlichen und psychischen Auswirkungen, eine Darstellung der psychiatrischen Folgen und begleitender Phänomene wie Anstieg von Verbrechen, Giftmordanschläge, sexuelle Verkommenheit etc.

Im folgenden werden die Deskriptionen von Reuze systematisch zusammengefaßt und kommentierend wiedergegeben.

Fotodokumentation zu den »Giganten der Landstraße«

Das »DDGS« (vgl. S. 62) zeigt schon das Titelbild des Buches »Giganten der Landstraße«.

Mittlerweile ist das »DDGS« auch in das »DSM-3«, das Verzeichnis der Geisteskrankheiten der »Amerikanischen Psychiatrischen Gesellschaft«, aufgenommen worden.

Für die französische Landbevölkerung ist der Anblick dieses Fahrradsüchtigen, der offensichtlich Kontrollverlust erlitten hat, eine Sensation.

Ein weiteres Beispiel für Kontrollverlust:

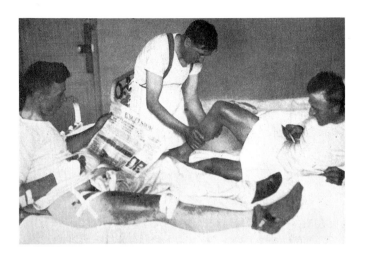

Fahrradsüchtige bei ihrer täglich notwendigen Regenerationsarbeit.

Hemmungslosigkeit in vielerlei Beziehung, vor allem im Konsum alkoholischer Getränke, zeichnet den Fahrradsüchtigen aus (Polytoxikomanie).

Auch dies ist ein Bild aus dem Buch »Giganten der Landstraße«.

Es könnte den Titel »Kulturschock« tragen, zeigt es doch links das althergebrachte bäuerliche Fuhrwerk mit seinem in diese Umwelt integrierten Lenker.

Dieser Mann weiß, wo seine Heimat ist, er hat auch im Herzen Ruhe.

Wie anders dagegen die Süchtigen (rechts), die, ständig durch ihre Sucht getrieben, kein Ende, keine Ruhe, keine Heimat finden können und, wie es im Text des Buches heißt, wie »besessen« die Landschaft durchrasen.

Im folgenden bildliche Belege dafür, welch seelische Tiefen die Entartung durch die Fahrradsucht erreichen kann.

Im Kapitel »Der Fahrradmann und sein Analytiker« ist die Symptomatik des ödipalen Komplexes und deren Durchdringung mittels der erweiterten Psychoanalyse, der Bikoanalyse, beschrieben worden.

Ein interessantes Kapitel für die Psychoanalyse ist stets die Frage gewesen, ob der Berg, der vom Bergsteiger erstiegen oder erwandert wird, einem nicht ausgetragenen ödipalen Konflikt gleichzusetzen ist.

Die Frage lautete bisher also: Ist der Bergsteiger der kleine Junge, und ist der Berg die Mutter, die er besteigen möchte?

Die Bikoanalyse hat wesentlich Neues zutage gefördert, nämlich die zunächst eigenartig anmutende Feststellung, daß der Berg nicht bewandert oder bestiegen, sondern befahrradet wird.

Dies kann bedeuten, daß neben der ödipalen Problematik auch noch die anal-sadistische hineinspielt.

Die Qual, die bis zur endgültigen Befahrradung des Berges erforderlich ist, deutet zumindest darauf hin, daß ein multifaktorielles Geschehen diese Fahrradsüchtigen kennzeichnet.

Ein weiteres Beispiel für die genannte Problematik und zugleich Hinweis auf die Haltung unserer Gesellschaft zur Fahrradsucht. Eine Vielzahl von Zuschauern läßt den Fahrradsüchtigen gewähren. Man ignoriert sein Leid.

Die Industrie nutzt die Sucht hemmungslos aus. Sie scheut sich nicht einmal, die Fahrradsüchtigen mit ihrer Werbung selbst bei der Befahrradung eines Berges zu behelligen.

Das aber ist in 98 % aller Fälle das Ende: Kontrollverlust, Kollaps, Exitus.

Exzesse mit Alkohol, Drogen oder sexuelle Ausschweifungen sind immer wieder beschrieben worden.

Daß Fahrradsüchtige ein schwer geschädigtes Immunsystem aufweisen, ergibt sich aus allen klinischen Beobachtungen. Daß homoerotische Werbungen, Tendenzen und Praktiken stets zu beobachten waren, steht ebenfalls außer Frage.

Dieses Dokument aus den »Giganten der Landstraße« zeigt, wie zwei solcher »Pedalkitzler« Körpersäfte austauschen.

Die Wahrheit über Fahrradfahrer –
Was die Soziologie uns sagt

Schwächlinge, Sportsleute, Psychopathen, Umweltschützer, Autohasser, harte/weiche Kerle, sanfte/brutale Frauen, zu kurz/lang geratene Typen und vieles mehr sollen sie sein – die Radfahrer. Wie sind sie wirklich? Diese Frage quälte die »Bundesanstalt für Straßenwesen« geraume Zeit, bis sie eine wissenschaftliche Untersuchung in Auftrag gab. Das Resultat wurde im Auftrag des Bundesministers für Verkehr in der Schriftenreihe »Unfall- und Sicherheitsforschung Straßenverkehr« veröffentlicht. Wir zitieren aus dem Kapitel »Einflußfaktoren für die Verkehrsteilnahme mit dem Fahrrad und dem Mofa«:

Altersstruktur

Der Anteil der Personen mit mindestens einem Fahrradweg am Stichtag ist altersabhängig. In den Altersgruppen bis unter 18 Jahren ist im Durchschnitt jeder vierte ein Fahrradfahrer; im Alter zwischen 18 und 21 Jahren sinkt der Anteil dann rasch ab. Bei den 21- bis 24jährigen unternimmt nur noch jeder 20. einen Radweg am Stichtag; von da ab bleibt der Wert weitgehend konstant, abgesehen von den über 65jährigen, die einen noch geringeren Anteil verzeichnen.

In der Aufgliederung der Altersgruppen nach männlichen und weiblichen Personen ergibt sich, daß in den Altersklassen von zehn bis unter 15 und von 15 bis unter 18 Jahren die Fahrradweghäufigkeit der männlichen Kinder bzw. Jugendlichen erheblich über der weiblichen liegt (um 40 bzw. 60%). Bei der Fußweghäufigkeit war ein umgekehrtes Verhältnis festgestellt worden.

In der Gruppe der 18- bis unter 21jährigen werden von den männlichen Radfahrern noch deutlich mehr Fahrten gemacht, der Wert geht aber bei den 21- bis unter 25jährigen auf ein Viertel zurück; damit liegt

Menschen unter 18 Jahren nutzen Tretroller intensiver als ihre Eltern oder Großeltern.

die Fahrtenhäufigkeit von Frauen in diesem Alter jetzt erheblich höher als bei der männlichen Vergleichsgruppe. Das Fahrrad behält also für die Frauen auch nach dem 18. Lebensjahr, trotz der insgesamt sinkenden Fahrtenzahl, einen wichtigen Platz unter den benutzten Verkehrsmitteln. Der Rückgang der Fahrten bei den über 65jährigen Frauen, der stärker als bei der männlichen Gruppe ausfällt, hängt sicherlich zum Teil mit dem höheren Durchschnittsalter der Frauen dieser Altersgruppe zusammen.

Die Bedeutung des Fahrrades im Vergleich zu anderen Verkehrsmitteln ist bei der Altersgruppe von zehn bis unter 18 Jahren weitaus am größten; bei den männlichen Jugendlichen liegt der Anteil, gemessen an der Zahl der Wege, bei einem Drittel, weibliche Jugendliche legen knapp ein Viertel der Wege auf dem Fahrrad zurück. Fahrrad- und Fußwege zusammengenommen, machen in diesen Altersgruppen etwa drei Fünftel aller Wege aus; es fällt auf, daß der Anteil des nichtmotorisierten Verkehrs bei beiden Geschlechtern nahezu gleich hoch ist; die starken Unterschiede, die zwischen männlichen und weiblichen Jugendlichen in bezug auf den Anteil der Fußwege an der gesamten

Verkehrsbeteiligung aufgetreten waren, werden durch die Fahrradwege weitgehend ausgeglichen. Fußwege werden also in dieser Altersgruppe durch Fahrradwege substituiert und umgekehrt, so daß der
Anteil des nichtmotorisierten Verkehrs ungefähr konstant bleibt. Bei
den über 18jährigen wird die Bedeutung der Fahrradfahrten und Fußwege erheblich geringer, der Anteil nimmt etwa um die Hälfte ab; dabei
öffnet sich die Schere in der Verkehrsmittelwahl zwischen männlichen
und weiblichen Personen. Eine Substitution von nichtmotorisierter
durch motorisierte Verkehrsteilnahme findet bei Männern in weit stär-
kerem Ausmaß und durch andere Verkehrsmittel statt als bei Frauen.

Erwerbstätigkeit

Der Anteil der Fahrradfahrer ist bei den Erwerbstätigen unterdurch-
schnittlich; verglichen mit ihnen ist der Anteil bei Nichterwerbstätigen
doppelt so hoch, teilweise Erwerbstätige haben einen mittleren Platz.
Dies entspricht etwa der Verteilung, die bei den Fußwegen festgestellt
worden war. Dagegen ergibt sich bei der Betrachtung der einzelnen
Tätigkeitsgruppen, daß diese Tendenz nicht eindeutig ist: Unter den
Nichterwerbstätigen weisen die Hausfrauen, Rentner und Arbeitslosen
einen unterdurchschnittlichen Anteil an Fahrradfahrern auf (vier bis
acht Prozent); das Gesamtbild der Gruppe wird von den Schülern und
Auszubildenden mit ihren außerordentlich hohen Radfahrerquoten
maßgeblich bestimmt. Auf dem anderen Ende der Skala rangieren
unter den Erwerbstätigen die Gruppen der Landwirte und besonders
die Selbständigen (zwei bis drei Prozent Fahrradfahrer). Angestellte
und Beamte haben etwa die gleichen Fahrradfahranteile wie der Durchschnitt der Bevölkerung zwischen 18 und 65 Jahren, bei Arbeitern ist
der Anteil signifikant höher.

Die Gruppe der Selbständigen macht, gemessen an der Dauer, im
Durchschnitt die längsten Radwege (20 Minuten); auch bei Arbeitslosen
und Beamten ist der Radweg besonders lang.

Es liegt die Erklärung nahe, daß die Fahrradwege bei diesen Gruppen
zu einem großen Teil Freizeitwege und damit länger als etwa die auf
dem Fahrrad zurückgelegten Arbeits- oder Schulwege sind. Erhärtet
wird dies auch dadurch, daß die am Sonntag, also vorwiegend zu einem

Wissenschaftlich noch fast gänzlich ungeklärt ist das Fahrradverhalten der Selbständigen, insbesondere an Samstagen und Sonntagen.

Ausflug unternommenen Radwege überdurchschnittlich lang sind. Der Anteil der Radfahrer unter den Selbständigen von lediglich 2 % liegt also wahrscheinlich deshalb so niedrig, weil das Fahrrad nicht kontinuierlich während der Woche, sondern nur an wenigen arbeitsfreien Tagen benutzt wird.

Schulabschluß

Der Anteil der Fahrradfahrer ist um so geringer, je höher der erreichte Schulabschluß ist. Umgekehrt nimmt der Anteil der mobilen Personen mit der formalen Qualifikation zu. Die Häufigkeit der Fahrradfahrten am Tag geht mit der Höhe des Schulabschlusses ebenfalls zurück, und zwar im Vergleich der mobilen Personen noch stärker als bei allen Personen, da die Mobilitätsquote mit dem Ausbildungsniveau steigt. Die Unterschiede in der Dauer des Fahrradweges weisen wiederum auf die unterschiedlichen Nutzungsanlässe des Fahrrades in den verschiedenen Gruppen hin: Bei den Volksschülern ohne Lehre (unter ihnen zahlreiche Hausfrauen) wird das Rad häufig für Versorgungswege, damit eher auf kurzen Strecken, gebraucht; Personen mit Abitur verwenden das Fahrrad vermutlich zum großen Teil als Verkehrsmittel in der Freizeit.

Haushaltsgröße

Der Anteil der Radfahrer nimmt mit wachsender Personenzahl im Haushalt stark zu; vergleicht man die Werte zum Fußgängeranteil, so fällt auf, daß dort umgekehrt der Anteil um so geringer war, je mehr Personen im Haushalt lebten. Als Erklärung für diese Unterschiede des Verkehrsverhaltens kommen vor allem die unterschiedlichen demographischen Merkmale der Haushalte in Betracht: Bewohner von Ein-Personen-Haushalten sind zu einem großen Teil alte Menschen, der Anteil an Fahrradfahrern unter ihnen und der Anteil mobiler Personen insgesamt liegt erheblich unter dem Durchschnitt.

Größe des Wohnortes

Zwischen der Wohnortgröße und dem Anteil der Radfahrer besteht ein nicht-linearer Zusammenhang; in den kleinsten Gemeinden liegt der Wert etwa beim Durchschnitt, er nimmt in Klein- und Mittelstädten zu und fällt in Städten mit Einwohnerzahlen zwischen 300 000 und 500 000 stark ab. In Großstädten ist der Anteil der Fahrradbenutzer ebenfalls bemerkenswert gering. Er liegt um fast 50 % unter dem Durchschnitt. Als Gründe für die großstadtspezifische »Fahrradmüdigkeit« kommen zum Teil das dichtere Netz der öffentlichen Verkehrsmittel und die höhere Bedienungshäufigkeit in Betracht.

Bundesland

Die Fahrradnutzung weist regional erhebliche Unterschiede auf. In Niedersachsen werden 17 % aller Wege mit dem Fahrrad zurückgelegt; demgegenüber sind es im Saarland nicht einmal mehr vier Prozent, in Berlin sogar nur drei Prozent. Geographische Gegebenheiten, etwa der Anteil hügeliger oder gebirgiger Landesteile, der sich im Regelfall negativ auf die Bereitschaft und Möglichkeit zum Fahrradfahren auswirkt, erklären die so stark differierenden Nutzungsgrade sicher nicht ausreichend. Auch der Einfluß von größeren Städten mit in der Regel besserer Öffentlicher-Verkehrs-Erschließung scheint zwar vorhanden zu sein, liefert aber keine hinreichende Begründung. Das Zahlenmaterial legt den Schluß nahe, daß in einigen Landesteilen regional spezifische Bindungen der Bevölkerung an das Verkehrsmittel Fahrrad wirksam werden. Dies würde die Spitzenstellung Niedersachsens erklären. Ebenso wie in den angrenzenden Niederlanden hat der Fahrradverkehr hier eine besonders wichtige Stellung. Auch der Vergleich zwischen den Stadtstaaten Bremen/Hamburg (mit einem Radweganteil von sieben Prozent und Berlin mit nur drei Prozent) deutet darauf hin.

Jahreszeitliche Einflüsse

Der Anteil der Radfahrer ist, wie zu erwarten, im Sommer am größten – im Winter geht er auf 62 % dieses Wertes zurück. Im Übergang vom

Im Saarland trifft man Fahrradfahrer nur vereinzelt an.

In Niedersachsen hingegen sind Fahrrad-Individualisten selten anzutreffen. Es mag dem dortigen Volkscharakter entsprechen, sich nur im sicheren Pulk zu zeigen.

Monat April zum Mai steigt der Anteil stark an – offenbar beginnt in diesem Monat die »Fahrradsaison«. Die Werte für die Monate Juli und August dürften, wie schon bei den Fußwegen, durch Urlaubsabwesenheit beeinflußt sein. Der Rückgang der Fahrradnutzung auf winterliche Werte vollzieht sich in zwei Etappen (im Oktober und im Dezember). In den Wintermonaten bleibt der Radfahreranteil trotz der ungünstigen Witterungsverhältnisse und des Straßenzustandes bei sechs Prozent aller Personen – daraus läßt sich ableiten, daß das Fahrrad keineswegs als bloßes »Schönwetterfahrzeug« anzusehen ist. Wer im Winter das Fahrrad unbenutzt läßt, macht diese Wege in den meisten Fällen zu Fuß; der Anteil der Öffentlicher-Verkehr-Fahrer nimmt nicht wesentlich zu. Die durchschnittliche Dauer des Fahrradweges bleibt über die Monate hinweg weitgehend gleich.

6 % aller Personen fahren immer Rad – sie stellen den »harten Kern« der Bikomanen.

Die Forschung geht neue Wege –
Mit modernsten Techniken den Fahrradsüchtigen auf der Spur

Eine Dokumentation von **Prof. Bernschmidt**, Freiburg (Lehrstuhl für normalpathologische und ganz außerordentliche Bikomanie und transzendierende Gebiete pp.) und **Prof. Königberger**, Berlin, Träger der »Goldenen Ehrennadel« der »Bikers Anonymous« mit großer Nabe und Sicherheitskette.

Zu den Fotodokumenten

Diese Aufnahmen stammen aus der Natur.

Sie wurden, ohne jegliche Manipulation, in Berlin-Heiligensee aufgenommen. Die fotografierte fahrradsüchtige Person (im folgenden »Objekt« genannt) wußte nichts über die Aufnahmen. Diese wurden mit zuvor installierten verdeckten Kameras durchgeführt.

Die Untersuchung

Es mußte die politische Entscheidung getroffen werden, ob eine Untersuchung durchzuführen sei. Nach Konsultationen der caritativen Verbände, nach Rückversicherung bei der Bundesregierung und den amerikanischen Verbündeten (es sollten sich unter den Fahrradsüchtigen GIs befinden) gab der Regierende Bürgermeister »grünes Licht«. Die Installation der Überwachungssysteme dauerte zwei Monate.

Bodenproben ergaben eine Bikophylobacter-Kontamination des gesamten Geländes in einem Umkreis von ca. 8 Kilometern. Stellenweise lagen die Konzentrationen der Bikophylobacterkolonien über dem 80000fachen des normalerweise als Höchstwert angesehenen Grenzwertes. Die observierenden Personen mußten einer besonderen Immunisierung unterworfen werden; der ADI-Wert (acceptable daily intake) nach den WHO-Richtlinien war um mehr als das 160000fache überschritten, eine Größenordnung, die schon zu Bedenken Anlaß zu geben geeignet ist.

Es war daher erwogen worden, die Fotodokumentation von Robotern vornehmen zu lassen; allerdings war im Zuge der Terroristenbekämpfung deutlich geworden, daß die Roboter auch durch den Bikophylobacter angegriffen und funktionsunfähig gemacht werden können, weshalb auf die menschliche Kraft zurückgegriffen werden mußte.

Hypothese

Die Erwartung war, daß sich die auf diesem Platz versammelnden Fahrradsüchtigen dem Haupttypus dieser Altersgruppe nähern würden, also von den Alkis oder von den Tretis (Tretroller-Abuser) zum Fahrrad übergewechselt seien und sich im Alter von noch unter 18 Jahren befänden. Es wurde erwartet, daß die Süchtigen erkennbare Zeichen sozialer Deklassierung aufwiesen. Der unvermeidlich mit einer Abhängigkeit verbundene negative Habitus war in der Vorstellung der Mitarbeiter das, was wir zu erwarten hofften und wünschten.

Tatsächlich ergab sich aber, daß eine dem äußeren Anschein nach sozial eingegliederte Person der Mittelschicht unser unfreiwilliges Demonstrationsobjekt wurde. Die früheren Hinweise in der Literatur, daß man »die Fahrradsüchtigen ja nicht erkennt«, weil die »ja nicht nach Fusel stinken« (Müller, Lübeck), müssen auf jeden Fall noch ernster genommen werden. Man kann sogar noch weiter als Müller gehen und die These wagen, daß auch Personen, die »nach Fusel stinken«, mit einer Mehrfachproblematik belastet sein können, also aus dem Vorhandensein einer manifesten und behandelbaren Alkoholkrankheit nicht geschlossen werden darf, daß die sehr viel schwieriger zu behandelnde Fahrradabhängigkeit nicht vorliegt. Es ist zu evaluieren, ob die Alkoholabhängigkeit der schwerwiegenderen Fahrradsucht regelmäßig oder zumindest häufiger vorgelagert ist.

Untersuchung des Objekts (Süchtiger)

Durch fotometrische Messungen wurde die Größe des im folgenden näher beschriebenen Demonstrationsobjekts auf 1,87 Meter (+/− 0,02 cm) bestimmt. Eine Bestimmung des Lebensalters erschien zunächst schwierig, da die Person ein einheitlich stereotyp-infantilistisches Gesichtsverhalten zeigte (DDGS-Syndrom, »Dümmlich-Dämliches-Grins-Syndrom«, Maes, 1915). Das Alter wurde zunächst vorsichtig auf 25–48 Jahre geschätzt.

Es wurde später, wegen der Bedeutung des Falles auch mit Zustimmung der G-16-Kommission des Bundestages (Geheimdienstausschuß), eine mehrmonatige Telefonüberwachung durchgeführt. Diese ergab, daß das Objekt mehrfach mitteilte, es sei »so um die vierzig«. Aufgrund der durch die Telefonüberwachung gelieferten Anhaltspunkte wurde, was größte Probleme und höchsten Einsatz erforderte, eine Abfrage des Melderegisters vorgenommen; diese ergab tatsächlich ein Alter von 41 Jahren zum Zeitpunkt der Untersuchung; die Person wird am 18. 4. 1990 (falls sie bis dahin nicht der Fahrradsucht erlegen sein sollte) 42 Jahre alt.

Diese personenbezogenen Daten sind naturgemäß streng vertraulich und dürfen bei Zitaten aus dieser Schrift nicht weitergegeben werden; auf die besonderen Bestimmungen für Fachjournalisten wird hiermit hingewiesen.

Abgesehen von der Bikomanie, wie sie sich während der Suchtausübung zeigt (siehe Bildtafeln auf Seite 146 ff.) macht die Person einen gut genährten Eindruck; alle Körperteile sind vollständig ausgebildet, und der Gang wies keine Besonderheiten auf. Äußerlich sichtbare Erkrankungen wurden nicht festgestellt.

Das Gewicht der Person betrug zum Zeitpunkt des Beginns der Aufnahmen ungefähr 85 Kilopond; nach Beendigung des Fahrradsucht-Exzesses lag es noch bei ungefähr 79,5 kp. Dies wurde mit folgender Technik ermittelt:

Einbau einer verdeckten Waage am Eingang des Fahrradsuchtplatzes; Ermittlung des Typs und Baujahrs des verwendeten Suchtinstruments (der Fahrradsuchthersteller zeigte sich kooperativ und lieferte die Daten ohne Verzögerung); Abzug des Fahrradgewichts von den ermittelten Werten der Konfiguration Fahrradsüchtiger und Fahrrad.

Resultate

Die psychiatrischen Befunde sind von einer brisanten Auffälligkeit. Im einzelnen:

– Gedächtnisschwund

Das Beobachtungsobjekt leidet an zeitweisem Gedächtnisschwund, der sich bis zur totalen Amnesie erstrecken kann, was die Erinnerung sowohl an früheres Suchtverhalten als auch an jeweilige Suchtexzesse angeht.

Bei einem konspirativ angebahnten Interview mit einer unserer jungen Assistenzärztinnen, die sich dankenswerterweise für diese Aufgabe zur Verfügung stellte, erklärte die Person zunächst: »Ich bin der Größte, Puppe.« Unsere Mitarbeiterin, die im Interesse der Wissenschaft auch Zärtlichkeiten des Beobachtungsobjektes über sich ergehen ließ*, berichtete:

»Trotz eines hier nicht näher zu beschreibenden intimen Kontaktes mit dem Beobachtungsobjekt erinnerte sich dieses am Tag darauf, als ich die Exploration telefonisch fortsetzen wollte, kaum an das Geschehen. Er sprach mich mit zwei verschiedenen weiblichen Vornamen an und konnte erst dadurch, daß ich ihm Details des Treffens in Erinnerung rief, davon überzeugt werden, daß es sich tatsächlich um mich handelte.«

Wer unsere Mitarbeiterin und ihre harte körperliche Einsatzbereitschaft kennt, wenn es um die Wissenschaft geht, muß zum Schluß kommen, daß die seelische Empfindungstiefe des Objekts eine eher flache zu sein scheint. Trotz des angesprochenen vortäglichen Vorgangs, der sichtbar zu seiner Befriedigung geführt hatte, reagierte das Objekt lediglich mit »Ach so, Du bist's«.

Fragen nach seiner Entwicklung, beruflichem Werdegang etc. fanden keine befriedigende Antwort.

---

* Normalerweise gehört ein solch körperlicher Einsatz nicht zu einer Untersuchung. Bei der Schwere der anstehenden Problematik schien uns dies aber ohne Bedenken ethisch vertretbar.

Das Objekt gab zu verstehen, stets alles richtig gemacht zu haben, im Prinzip keinerlei Fehler aufzuweisen, dafür aber stets permissiv gelebt zu haben. Als Anzeichen für hohen Genuß führte er an:

1. B . . . . (Vulgärbezeichnung für geschlechtliche Vereinigung)

2. Alkoholismus

3. schnelle Autos

4. schnelle Mark

5. Pennen (gemeint sind wohl überlange Ruhezeiten)

6. erneut Sex

7. wiederum Sex

8. Reisen, mit Vorrang solche, auf denen multipler GV zu erwarten war oder ist

– Größenwahn

Schon bei Karl Birnbaum findet sich die Beschreibung des Süchtigen als eines Menschen, der bei seinem Konfabulieren größenwahnsinnige Tendenzen einbringt und sich letztlich im Größenwahn verliert.

So auch das Beobachtungsobjekt.

Das Objekt erklärte: »Ich bin ein Journalist, ein echter Star. So einen geilen Schreiber wie mich findest Du selten.«

Neben der plumpen Vertraulichkeit gegenüber unserer Mitarbeiterin, für die es nun wirklich keinen Anlaß gab, fällt auf, daß die Berufsgruppe der Journalisten als Beleg für besondere menschliche und professionelle Qualifikation gewählt wurde.

Es braucht nicht darauf hingewiesen zu werden, daß dies gerade bei dieser Berufsgruppe nicht der Fall ist; ob das reine Gegenteil richtig ist, ist hier nicht Gegenstand der Darstellung.

Jedenfalls erklärte die Person wiederholt:

»Ich bin Wilfried Krause. Ich bin der berühmte Redakteur vom ›stern‹. Ich sitze im Constanze-Pressehaus.«

Eine Nachfrage von uns ergab, daß ein solches Pressehaus bekannt ist; die Zeitschrift »Constanze« gibt es allerdings schon viele Jahre nicht mehr. Also hatte die Person hier die Unwahrheit gesagt.

Ein Anruf bei der Hamburger Redaktion des »stern« ergab, daß ein gewisser Krause dort tatsächlich beschäftigt ist. Es wurde uns aber glaubhaft versichert, daß diese Person außer den Exzessen, wie sie im Redaktionsstatut festgeschrieben sind, keine Besonderheiten aufweise, insbesondere nicht fahrradsüchtig sei. Der echte Wilfried Krause wurde als ein rabiater, skrupelloser Autofahrer beschrieben, dem ein Umgang mit dem Fahrrad wesensfremd wäre. Somit war auszuscheiden, daß der Redakteur Krause mit unserem Objekt identisch war.

Bezüglich der weiteren körperlichen Befunde hoffen wir auf die Möglichkeit, die eventuell bei Ausübung der Sucht tödlich verunfallende Person zu uns in die Pathologie zu bekommen.

Es ist vorgesehen, dann auch die Obduktionsergebnisse in einem gesonderten Band herauszugeben, der dann die nachstehende Dokumentation sinnvoll ergänzen wird.

Fotodokumentation

Das Beobachtungsobjekt beim Eintreffen in der Nähe des Fahrrad-sucht-Ausübungs-Platzes.

Es erscheint mit einem Mittelklassewagen; das Herausnehmen des Rades deutet bereits darauf hin, daß ihm der Bewegungsablauf sehr vertraut ist. Zugleich beobachtet das Objekt die Umgebung, achtet auf eventuelle Störer oder Beobachter.

Diese Bewegung hat bereits etwas Zwanghaftes. Das Rad wird energisch umfaßt, das Objekt zeigt erste Anzeichen von beginnender Starrheit. Der Oberkörper ist, wie Virchow es 1898 beschrieben hatte, in beginnender Klappmesser-Winkelstellung.

Das Objekt wittert und sichert, vergleichbar mit einem Damhirsch oder einem männlichen Wildschwein. Die gesamte Gegend wird abgemustert.

Die Haltung ist verkrampft; man beachte, wie stark unterhalb des Lenkers das Fahrrad von der kräftigen Faust umschlossen wird.

Das Objekt zieht sich jetzt auf seinen Stammplatz zurück; die zu erwartende Befriedigung spiegelt sich bereits im Gesicht.

Wir sind in der Phase der letzten Sekunden vor dem Beginn der Suchtausübung. Im Gesicht des Objekts steht die Ahnung möglicher reaktiver Depression; Selbstzweifel könnten in solchen Momenten sinnvolle therapeutische Interventionen nahelegen.

Abgesehen von der Umgebung, könnte das Objekt einem Fahrradnutzer entsprechen, nicht einem Abuser.

Allerdings ist die Haltung herausfordernd, superior, in einem auffälligen Gegensatz zu dem Kleinfahrrad stehend. Das Objekt fühlt sich kräftig, unangreifbar.

Sofort nach dem Beginn der Suchtausübung erleidet das Objekt Kontrollverlust. Immer wieder wird es während der nächsten vier Stunden und 28 Minuten einen Arm abwechselnd um den Lenker legen, den anderen Arm dabei weit von sich strecken. Ebensolches geschieht mit den Beinen. Eine spagatähnliche Stellung ist mehrfach beobachtet worden.

Der Kontrollverlust wird von dumpfen Tönen begleitet, allerdings kontrastiert durch gelegentlich spitze, hohe Schreie, in einer Stimmlage, die bei dieser Person nicht zu vermuten war (»Hohes C«; unsere Tonaufnahmen waren, da kein Limiter zwischengeschaltet war, durch diese Töne unbrauchbar geworden).

Hier das Beispiel für die Fast-Spagat-Stellung.

Das Bild ist symbolkräftig: Einerseits möchte das Objekt sich frei bewegen, stellt aber in der Körpersprache eine Analogie zum Platten, Flachen, Ebenen her (unvollkommen).

Das Objekt hat die Brille abgesetzt. Die Gründe hierfür sind nicht bekannt.

Bei dieser Ausübung der Fahrradsucht bewegt sich das Objekt auf dem Gefährt mit hoher Geschwindigkeit auf einem relativ begrenzten Platz hin und her; der Körper wird in ruckartigen Bewegungen nach vorn geschnellt oder wieder nach hinten gedrückt, dies in einer Abfolge von bis zu 137 solcher Bewegungen pro Minute.

Der Gesichtsausdruck ist einfältig; es ist nichts mehr zu spüren von der auf Seite 148 dargestellten gespannten Aufmerksamkeit.

Das Beobachtungsobjekt ist durchgängig unfähig geworden, sich des Fahrradfahrens zu enthalten.

Die Haltung der Arme ist typisch. Sie führt, wie oft beschrieben, zur kataleptischen Starre der Gliedmaßen.

Hier die kataleptische Starre aus anderer Perspektive. Man beachte, wie die verkrampfte Körperhaltung sich der Konstruktion des Fahrrads anpaßt. Es stellt sich die Frage nach dem Verursacherprinzip und der Haftung der Verursacher.

Der Kontrollverlust verläuft in mehreren Stadien. Die Entrücktheit des Objekts ist nicht nur die Folge der körperlichen Überanstrengung.

Das Objekt wird leichtfertiger, obwohl dessen Fahrausübung immer gefährlicher (Selbstgefährdung!) wird.

Das Objekt blickt einfältig-triumphierend. Möglicherweise ist es der Auffassung, mit dem Fahrrad die Beschädigungen an den hinter ihm sichtbaren Pkws verursacht zu haben, was ein infantiles Omnipotenz- und Destruktionsbedürfnis zu befriedigen scheint.

Immer noch auf dem Fahrrad sitzend, zeigt das Objekt das »DDGS«-Syndrom, das von Maes erstmals beschriebene »Dümmlich-Dämliche-Grins-Syndrom«.

Man beobachte, wie sich mittlerweile die Pupillen des Süchtigen verändert haben. Welche stofflichen Rauschmittel hier eine Rolle spielten, ließe sich nur durch Maßnahmen klären, die stark in die Persönlichkeitsrechte des Objekts eingriffen.

Das Objekt ist nach viereinhalb Stunden immer noch unfähig, sich der Suchtausübung zu enthalten. Daß hier ein redundantes Verhalten vorliegt, wird dem Objekt nicht klar. Die kataleptische Starre ist noch nicht aufgehoben.

Auf der folgenden Seite ein symbolkräftiges Dokument. Das Objekt mit der Geste des »Mir kann keener«, gepaart mit Imponiergehabe. Einen traurigen Gegensatz bilden dabei die massige Gestalt des Objekts und das relativ kleine, zerbrechlich erscheinende Fahrrad.

Auch hier drängt sich die Vermutung auf, daß das Objekt die um es herum angerichteten Schäden nicht zu interessieren scheinen. Eine Ahnung eigener Verletzbarkeit scheint der Person vollkommen fremd.

Der Zusammenbruch. Das Objekt ist körperlich und psychisch am Ende. Die Befriedigung, die es zeitweise erlangt hatte, ist dahin. Die Lustbetontheit der Suchtausübung ist einer ernsthaften Dysphorie gewichen.

Das Objekt ist ratlos, kann sich nicht orientieren, wird von Depressionen geplagt.

Die Orientierungslosigkeit des Objekts zeigt sich auch darin, daß es den Weg zum eigenen Pkw – auf Seite 162 ist zu sehen, daß dieser nur etwa 1,80 Meter von dem Objekt entfernt ist – erst nach einer Suche von ca. zwei Stunden zurücklegen konnte. Mit dem Entdecken des Wagens, allerdings Ergebnis unsystematischer Suche, kehrt die Pseudo-Souveränität zurück.

Das Objekt verstaut das Rad. Nach einer weiteren Orientierungsphase von 42 Minuten Dauer kehrt das Objekt in den Alltag zurück.

Daß der Alltag nicht wie bei normalen Menschen bewältigt wird, ist offensichtlich; welche Langzeitfolgen die Fahrradsucht haben mag, kann aus diesen Dokumenten nur erahnt werden.

Suchtentstehungsmodelle im Wandel der Zeiten

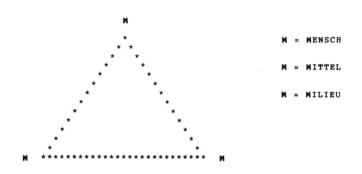

1. Kielholz und Ladewig, 70er Jahre des 20. Jahrhunderts

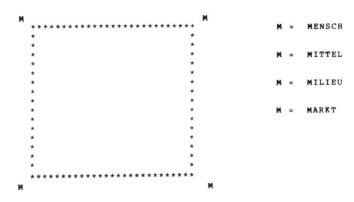

2. Kolstad, 80er Jahre, 20. Jahrhundert

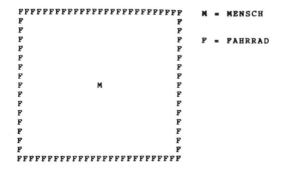

3. Maes, Revolutionäre Umgestaltung, 1989

Die Öffentlichkeitsarbeit der »Bikers Anonymous«

Die Presseberichte über die »Bikers Anonymous« sind als »selten einförmig und einfallslos« beschrieben worden. Das liegt daran, daß die Zentrale natürlich auch bestimmt, was die BAs sagen dürfen. Quantität vor Qualität lautet die Devise. Aus der geheimen Pressemappe der Zentrale:

BA Headquarters, Mt. Bike, Montana, 111 242, USA

Top secret

Leadership Europe and Asia

Pressekonferenzen: Richtlinien 1989/II

Pressetext / Einladung

Dieser Text muß unbedingt verbreitet werden:

Immer greift die Fahrradsucht um sich. Bereits 1910 haben sich in . . . (Stadt einsetzen) erste Gruppen der »Anonymen Fahrradfahrer«, abgekürzt nach dem amerikanischen Vorbild »Bikers Anonymous«, BA, gegründet.

Auch in . . . (Ort einsetzen) beschäftigt das Elend der Fahrradsüchtigen in zunehmendem Maße die Öffentlichkeit.

Auch hier ist es gelungen, . . . (möglichst hohe Zahlen einsetzen!) Selbsthilfegruppen von Fahrradsüchtigen ins Leben zu rufen.

Auf einer Pressekonferenz am . . . (Datum) in . . . (Tagungslokal einsetzen) wird sich die Gruppe vorstellen.

Wir bitten Sie und Ihre Beauftragten, keinesfalls mit einem Fahrrad anzureisen.

Hinweise für Gruppenleiter:

Besorgen Sie sich, möglicherweise auch an Verdichtungsorten des Elends, heruntergekommen aussehende Personen bzw. staffieren Sie eigene Mitglieder entsprechend armselig aus.

Die Fahrradsüchtigen dürfen nur maskiert präsentiert werden. Dies als Schutz davor, daß Ihre Süchtigen als möglicherweise ortsbekannte Herumstreuner oder Penner erkannt werden. Sie erklären hierzu bei Beginn der Pressekonferenz, daß die Anonymität ein wichtiges Gruppenprinzip sei. Sie sei ferner erforderlich, weil die Fahrradsüchtigen bereits Haus und Hof verfahren hätten und ihre Gläubiger fürchten müßten.

In der Pressekonferenz empfiehlt es sich, auf eine Vielzahl von wissenschaftlicher Literatur aus dem angelsächsischen Sprachbereich aufmerksam zu machen. Erfahrungsgemäß können die Journalisten wenig Englisch; je weiter die Institutionen entfernt sind, an denen Fahrradsuchtforschungen angeblich stattgefunden haben, um so weniger besteht die Gefahr einer Nachprüfung.

Solange noch nicht geklärt ist, wie weit die Therapieindustrie unser Anliegen aufgreifen wird, richten Sie durchaus Angriffe auf dieselbe.

Kritisieren Sie den Staat, der Fahrradwege bauen läßt, und setzen Sie dies in eine Parallele zum Mißbrauch von Alkohol, Nikotin etc.

Lassen Sie sich eine Tür offen – eine Kooperation mit den Wohlfahrtsverbänden kann auch für Sie und viele weitere Mitarbeiter »Arbeits«-plätze schaffen und dauerhaft sichern, falls nach Spielsucht, Eßsucht etc. ein neuer Tätigkeitsbereich erschlossen werden soll.

Erzählen Sie immer Geschichten von Einzelfällen. Sie können davon ausgehen, daß die Journalisten eine Geschichte um so lieber publizieren, je dramatischer sie sich darstellt und je weniger Arbeit sie macht. Ihre Fahrradsüchtigen müssen bereits in Ihrer Schilderung die Formulierungen treffen, die die Journalisten wiederzugeben gewohnt sind. Also: Keine Reflexion, kein Beschreiben von Ursachen, kein Verweisen auf zu schwierig zu fassende Zusammenhänge. Vermeiden Sie jegliche Differenzierung. Knallharte Schilderung: Ich bin runtergekommen durch das Rad, habe Verbrechen jeglicher Art begangen, jetzt bin ich gerettet, wieder heil.

Ziehen Sie als Diskussionsleiter Parallelen zu Heroinabhängigkeit pp. Machen Sie klar, daß Fahrradsucht wesentlich gefährlicher ist.

Vergleichen Sie Fahrradsucht mit Radioaktivität. Also: Man sieht nichts, man hört nichts, man riecht nichts. Nach Tschernobyl kommt das immer gut an; die Erfahrung zeigt, daß kaum ein Fernsehfilm auf eine solche Einleitung verzichtet.

Beschaffungskriminalität muß ein dramatisches Schlagwort werden. Üben Sie mit den Teilnehmern der Pressekonferenz (den Fahrradsüchtigen), daß diese möglichst mit stockender Stimme, mit Tränen (bei größerer Entfernung vom Podium zu den Journalisten kann mit Glyzerin gearbeitet werden) schildern, wie sehr sie anfangs mit Skrupeln kämpften, als sie Raubüberfälle, schwere Einbrüche etc. begangen haben.

Fassen Sie als Diskussionsleiter zusammen, daß bereits …% (möglichst hoher Prozentsatz, jedoch nicht über 100%) der gesamten Kriminalität auf Fahrradsüchtige zurückgeht.

Sollten Vertreter von kirchlicher Presse anwesend sein, dann müssen die Zerstörung der Moral durch das Fahrradfahren, die Verlotterung der zwischenmenschlichen Beziehungen und die in der heutigen Zeit ohnehin höchst unangebrachten promiskuitiven Verhaltensweisen beschrieben werden. Ihr Ziel ist dann erfüllt, wenn etwaige weibliche Vertreter kirchlicher Presse rote Ohren bekommen oder sonstige Zeichen von entsetzter Erregung zeigen.

Werten Sie die Ergebnisse der Pressekonferenz aus; machen Sie eine Manöverkritik, an der aber die Statisten nicht teilnehmen dürfen. Sorgen Sie dafür, daß diese über einen Hinterausgang wieder abtransportiert und irgendwo freigelassen werden.

Sammeln Sie die Presseausschnitte und schicken Sie sie an die BA-Zentrale.

Ist das Presseecho nicht ausreichend (was wir allerdings noch nicht beobachtet haben), dann schreiben Sie Leserbriefe. Leserbriefe können Sie zu jedem Anlaß schreiben. Sie können ja beispielsweise die Wahl des amerikanischen Präsidenten dadurch erklären, das dieser ja ein entschiedener Gegner der Fahrräder und ein Freund der Fahrradsüchtigen gewesen sei. Das Versagen der Polizei bringen Sie mit deren Dienstfahrrädern in Verbindung, die Existenz von Gewittern mit der Aufnahme ionisierender Strahlung durch die im Freien aufgestellten Metallfahrräder etc. Ihrer Phantasie sind keine Grenzen gesetzt.

Maximen der »Bikers Anonymous«

Wir müssen Einigkeit aufrecht erhalten, koste es andere, was es wolle:

1.

Der einzelne ist nichts, die Gruppe ist alles. Nur wer in der Gruppe aufgeht, kann auch persönlich etwas für sich erwarten.

2.

Wir vertrauen den Führern. Wir befolgen die Anordnungen der Zentrale. Wir üben keine Kritik.

3.

Voraussetzung für eine Mitgliedschaft in »Bikers Anonymous« ist der Wunsch, mit der Fahrradsucht aufzuhören, oder der Wunsch, sich mit der Fahrradsucht endlich einmal interessant zu machen. Wesentlich ist weiterhin die pünktliche Zahlung der Beiträge.

4.

Jede Selbsthilfegruppe soll sich selbst verwalten, naturgemäß nicht in Angelegenheiten, die »Bikers Anonymous« als Ganzes betreffen. Hier ist den Anordnungen der Zentrale strikt Folge zu leisten.

5.

»Bikers Anonymous« ist ein expandierendes Unternehmen. »Bikers Anonymous« trägt seine Botschaft zu denen, die noch nicht Fahrradsüchtige sind oder noch nicht erkannt haben, daß sie Fahrradsüchtige sein könnten.

6.

Unser Anliegen muß zielgerichtet vertreten werden. Wir werden uns nicht von anderen unterbuttern lassen. »Bikers Anonymous« muß ein eigenes Warenzeichen bleiben und entsprechenden Schutz allerorts genießen. Lizenzvergaben an Zweige der Therapieindustrie müssen von der Zentrale bewilligt werden.

7.

Jede Gruppe der »Bikers Anonymous« soll einen autonomen Status nach außen erwecken. Unterstützung ist tatsächlich abzulehnen, wenn Einblick in unsere Gruppe oder gar eine Kritik an uns dadurch möglich würde. Geldgeber dürfen keinesfalls erfahren, was mit ihren Mitteln von uns angestellt wird. Geldgeber, auch diejenigen, die höhere Beiträge geben, müssen sich damit abfinden, daß Süchtige wie wir einen zahlbaren Vertrauensvorschuß genießen müssen.

8.

Als Selbsthilfegruppe verkaufen wir uns am besten. Eine Änderung unserer Darstellung darf nur erfolgen, wenn die Zentrale dies mitteilt.

9.

Unsere Leitungsstrukturen dürfen den Geldgebern, auch staatlichen Stellen, nicht bekannt werden.

10.

»Bikers Anonymous« hat keine Meinung über Themen außerhalb von »Bikers Anonymous«. Wir sind für die Fahrradsüchtigen da und für nichts anderes. Dies hat seine Ursache darin, daß es außer Fahrradsucht auch nichts anderes von Belang gibt.

Der Test der »Bikers Anonymous«

Liebe Fahrradsüchtige!

Bitte belügen Sie sich nicht selbst, wenn Sie die folgenden Fragen beantworten.

* Denken Sie nicht nach.
* Beantworten Sie die Fragen möglichst schnell.
* Trifft die Frage zu, machen Sie einen Haken; trifft »nein« zu, machen Sie einen Strich.

Es ist gewährleistet, daß dieser Test objektiv ergibt, daß Sie fahrradsüchtig sind.

– Hast Du jemals Deine Arbeit versäumt, um fahrradfahren zu können?
– Hat Dir das Fahrradfahren schon häusliche Mißstimmungen gebracht?
– Hat Dein guter Ruf durch das Fahrradfahren gelitten?
– Hast Du nach dem Fahrradfahren Gewissensbisse?
– Hast Du Dir schon einmal Geld geliehen, um etwas fürs Fahrrad oder gar ein Fahrrad kaufen zu können?
– Hast Du schon mal etwas verkauft, um den Erlös für das Fahrrad zu benutzen?
– Ist Dir durch das Fahrradfahren das Wohl Deiner Familie oder Deiner Lieben gleichgültig geworden?
– Bist Du schon einmal länger Fahrrad gefahren als Du wolltest?
– Bist Du schon einmal oder mehrfach kriminell geworden, um Dein Fahrrad zu finanzieren?
– Hast Du mindestens einmal daran gedacht, kriminell zu werden, um das Fahrrad zu finanzieren?
– Schläfst Du schlecht, seitdem Du fahrradfährst?

- Leidest Du seit dem Fahrradfahren unter Unruhe, Schweißausbrüchen, Zittern, Kältegefühlen, Wärmegefühlen, Durchfall, Verstopfung, Herz- oder Kreislaufbeschwerden, Schnupfen, Heiserkeit, sonstigen Symptomen?
- Ist Dir schon einmal bewußt geworden, daß Du Dich mit dem Fahrradfahren selbst zerstörst?
- Kannst Du Dir trotzdem vorstellen, daß Du nicht mehr auf das Fahrrad verzichten willst?

Schematische Darstellung zur Geschichte der Fahrradsucht

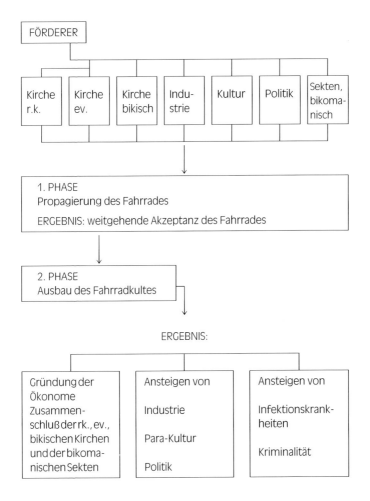

3. PHASE

... Es geht immer weiter so ... nichts verändert sich ... Kritiker verzagen ... Politiker versagen ... und so muß festgestellt werden:

ERGEBNIS:

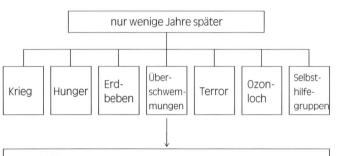

4. PHASE
Entdeckung des Bikophylobacter durch Gelbsattel
Entdeckung der Fahrradsucht durch Maes

ERGEBNIS:

> **5. PHASE**
> Erscheinen des Buches »Fahrradsucht«

ERGEBNIS:

SCHOCK

SCHOCK

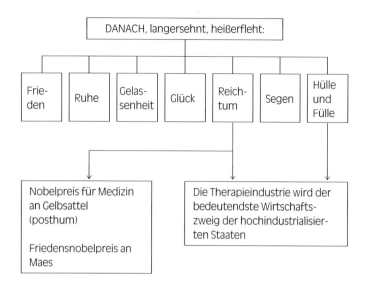

Versuch eines endgültigen Epilogs

Sollen unsere Nachfahren so aussehen? Sollte das unsere Zukunft sein? Bikomanische Idiotie anstatt Förderung der schönen Künste?

Sollen unsere Nachfahren so aussehen...

...oder etwa so?

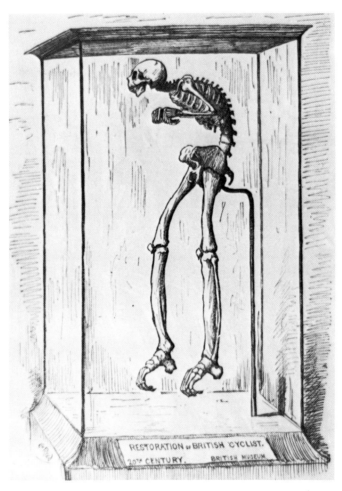

Oder gar so?

Polizei-Verordnung
betreffs Velocipedfahrens in Berlin.

Auf Grund der §§ 5 und 6 des Gesetzes über die Polizei-Verwaltung vom 11. März 1850 (G.-S. S. 265) und der §§ 79 und 80 des Gesetzes über die Organisation der Allgemeinen Landesverwaltung vom 26. Juli 1880 (G.-S. S. 291) verordnet das Polizei-Präsidium nach Zustimmung des Gemeindevorstandes für den Stadtkreis Berlin was folgt:

§ 1. Das Fahren auf Velocipeden ist auf den öffentlichen Strassen, Plätzen und Wegen innerhalb desjenigen Theiles des Polizeibezirks von Berlin verboten, welcher südlich durch den Schifffahrtskanal von der Bärwaldstrasse bis zur Charlottenburger Grenze, westlich durch den Stadtkreis Charlottenburg, sowie nördlich und östlich durch die Spree, von dem Austritt auf Charlottenburger Gebiet bis zur Herkulesbrücke, und durch die Strassen: Neue Promenade, Rosenthalerstrasse, Neue Schönhauserstrasse, Münzstrasse, Alexanderstrasse, Jannowitzbrücke, Brückenstrasse, Neanderstrasse und Prinzenstrasse begrenzt wird. Diese Strassen sind in das Verbot einbegriffen.

Ebenso ist das Fahren auf Velocipeden in nachfolgenden Strassen untersagt: Belleallianceestrasse, Breslauerstrasse, Brunnenstrassse bis zur Demminerstrasse, Chausseestrasse, Elsasserstrasse, Kleine und Grosse Frankfurterstrasse, Friedrichstrasse (ausser der in Absatz 1 berührten Strecke auch zwischen Weidendammerbrücke und Oranienburgerthor), Garten-Ufer, Holzmarktstrasse, Invalidenstrasse, Karlstrasse, Neue Königstrasse, Köpenickerstrasse, Landsbergerstrasse, Lothringerstrasse, Lützowstrasse, Lützow-Ufer, Luisenstrasse, Oranienstrasse, Oranienburgerstrasse, Pionierstrasse, Potsdamerstrasse, Rosenthalerstrasse (auch in dem nicht schon im 1. Absatz betroffenen Theile), Schlesische Strasse, Schöneberger Ufer, Alte Schönhauserstrasse, Tempelhofer Ufer.

Dagegen ist das Kreuzen dieser letztgenannten Strassen mit Velocipeden gestattet.

§ 2. Das Fahren auf Velocipeden in den öffentlichen Strassen ist, soweit es nach § 1 zulässig ist, nur Personen gestattet, welche das 16. Lebensjahr vollendet haben. Das Wettfahren, Umkreisen von Fuhrwerken und ähnliche Handlungen, welche geeignet sind, den Verkehr zu stören oder Pferde scheu zu machen, sind verboten.

§ 3. Uebertretungen vorstehender Bestimmungen werden mit Geldbusse von drei bis dreissig Mark, im Falle des Unvermögens mit verhältnissmässiger Haft bestraft.

§ 4. Diese Polizei-Verordnung tritt am 15. April 1884 in Kraft.
Berlin, am 24. März 1884.
Königliches Polizei-Präsidium. v. Madai.

Die Vergangenheit sollte uns Lehren ziehen lassen. Fahrradfreie Städte sind ein Ziel, das erreicht werden muß. Leuchtende Beispiele der Vergangenheit mahnen uns an unsere Verantwortung.

Danksagung

Der Herausgeber dankt überschwenglich all jenen, die zum Gelingen dieses Werkes beigetragen haben.

Es ist zwar unhöflich, aber unumgänglich – aus der Menge der freiwilligen und unfreiwilligen Mitarbeiter sollen einige herausgehoben werden.

Besonderer Dank gilt Funktionären der in Sachen »Sucht« tätigen Organisationen. Jene, die gemeint sind, haben es in der Vergangenheit meisterhaft verstanden, Öffentlichkeit und Politik »am Thema vorbei« zu »informieren«. Es ist so manchen gelungen, Banalitäten und Absurditäten zum Problem zu erheben, und zugleich vergessen zu machen, daß die von ihnen vertretenen Organisationen bei der Behandlung ernsthafter Fragen versagt haben. Die Kenntnis solchen Vorgehens hat die Idee zu diesem Buch schnell reifen lassen.

Gedankt sei auch jenen Gruppen und Grüppchen, die sich, mit oder ohne Legitimation, therapeutisch betätigen und hierbei fachliches Können für unwesentlich oder gar schädlich halten. Von ihnen stammt manche ungewollte Anregung zu diesem Buch.

Ernsthaft gedankt sei den Verlagen, die uns Texte oder Bilder zitieren ließen; ernsthaft gedankt sei auch der »Bundesanstalt für Straßenwesen«, die uns erlaubte, ihre »Analyse der Verkehrsteilnahme« zu zitieren, und dem »Museum für Verkehr und Technik« in Berlin, das auch in Sachen »Fahrrad« eine hervorragende Arbeit geleistet hat.

Abbildungsnachweis

Jürgen Blume, Berlin (76–84, 146–163); Büchergilde Gutenberg, Frankfurt (123–130); Annedore Hennig, Berlin (34–36); Herder Verlag, Freiburg (13); Museum für Verkehr und Technik, Berlin (60–63); Firma Radlos, Berlin (177).

Alle übrigen Abbildungen stammen aus der Sammlung Maes.

Konfliktsimulations- und Rollenspiele: Die neuen Spiele

Von Robert Wolf. 157 Seiten mit 10 farbigen und 19 einfarbigen Abbildungen und Zeichnungen, kartoniert (DuMont Taschenbücher, Band 208)

Seit kurzem gibt es neue Spiele, die eine interessante Alternative zu den herkömmlichen Spielen bieten: Konfliktsimulations- und Rollenspiele. Konfliktspiele sind Brettspiele, die in spielerischer Form ökonomische oder sportliche, überwiegend aber – wurzelnd in der Tradition indischer und chinesischer Spiele – Problemstellungen militärisch-politischer Strategie simulieren. Spielplan, Spielfiguren und -regeln geben die Ausgangssituation vor, die Spieler führen ihre Figuren nach ihren Vorstellungen.
Rollenspiele verlaufen nach einem anderen Prinzip: Der Spieler schlüpft in die Rolle eines Individuums, das in einer Phantasiewelt lebt und dessen Charaktereigenschaften und Fähigkeiten bei Spielbeginn festgelegt werden. Ein Spielleiter entwirft die Rahmenbedingungen des zu bestehenden Abenteuers.
Das Buch von Robert Wolf gibt einen Überblick über die Entwicklung der neuen Spiele und ihre soziologischen Aspekte. Zugleich bietet es anhand eines Demonstrationsspiels die Möglichkeiten, diese ›neuen Spiele‹ auch praktisch auszuprobieren.

Die endgültige Biographie des P. D. Q. Bach

Ein Leben gegen die Musik
Der Mann, dessen weitreichende Harmonielehre und absolute Freiheit von Gedanken schon seine Zeitgenossen verblüfften: Ein letzter (21.) Sohn, der der Bach-Forschung verborgen blieb ...

Von Peter Schickele. 312 Seiten mit 130 einfarbigen Abbildungen, kartoniert (DuMont Taschenbücher, Band 172)

»Sprechen wir nicht länger über Amadeus, beschäftigen wir uns mit Bach. Nein, nicht mit Johann Sebastian, sondern mit P.D.Q. Bach, seinem letzten, 21. Sohn. Den kannten Sie noch nicht? Jetzt können Sie ihn kennenlernen, hier ist nämlich seine ›endgültige‹ Biographie. Eine fiktive, zugegeben, denn P.D.Q., der 21. von allen, ist frei erfunden. Und zwar von dem amerikanischen Musikwissenschaftler Peter Schickele. Das Buch folgt der ruchlosen Fährte des P.D.Q. und ist allen gewidmet, die sich aus Liebhaberei oder Profession mit der Musik beschäftigen und Humor zu schätzen wissen.« *Der Mann*

Seifenblasen

Schwebende Träume
›Kugeln der Götter‹

Von Michael Schuyt. 124 Seiten mit 56 Seiten farbigen und 123 einfarbigen Abbildungen, Leinen mit Schutzumschlag

»Sprichwörtlich kurzlebig ist ihre schillernde Schönheit, Träume sind Schäume und zerplatzen wie sie: Seifenblasen. Daß man mit ihnen mehr machen kann, als sie zu plustern und platzen zu lassen, sieht man gelegentlich auf Varieté-Bühnen: Seifenblasen in der Seifenblase, Ketten aus Kugeln, Menschen in Seifenblasen eingehüllt. All diese Tricks erläutert der großformatige Bildband ›Seifenblasen‹. In herrlichen Farbfotos wird die magische Welt der Seifenblasen gezeigt; Nahaufnahmen wie Bilder von fremden Planeten, gerade gefrierende Blasen und die erwähnten Tricks.«
Nürnberger Zeitung

Alles über die Kunst des Jonglierens

Von Dave Finnigan. Illustriert von Bruce Edwards. 536 Seiten mit mehr als 1000 einfarbigen Zeichnungen, kartoniert

»Endlich liegt auch in deutscher Sprache ein Übungsbuch vor, nach dem sich die Freizeit-Jongleure schon lange die Finger lecken. Der amerikanische Meisterjongleur Dave Finnigan hat eine wirklich gelungene Anleitung zusammengestellt, die den Jonglier-Fan seine Grenzen vergessen läßt. Das Buch enthält zahlreiche, systematisch aufgebaute Jonglier-Übungen. Zunächst lernt der künftige ›Meister‹ mit Tüchern das nötige Bewegungsgefühl fürs Werfen und Fangen. Anhand der über 1000 Illustrationen lehrt Finnigan dann die ›Kaskade‹, die erste Jonglierbewegung, die fortgeschrittene Dreiballjonglage oder das Jonglieren mit vier, fünf und sechs Bällen. Neben der meisterhaften Keulenjonglage werden auch Tricks mit Zigarrenkisten, dem Devil-Stick und dem Diabolo beschrieben und gelehrt. Der umfangreiche Anhang bringt neben einem kurzen Abriß über die 4000jährige Geschichte des Jonglierens und einem Glossar zahlreiche praktische Hinweise zum Thema.«

Heilbronner Stimme

DuMont's Bastelbuch der Drachen

Flugtechnik – Konstruktion – Geschichte
95 Modelle zum Nachbauen

Von David Pelham. 225 Seiten mit 22 farbigen und 216 einfarbigen Abbildungen, etwa 250 Diagrammen, Skizzen und Plänen, kartoniert

»Hat man sich durch die hübsch bebilderte Historie des Drachens und des Drachenflugs durchgelesen, findet man 95 Modelle zum Nachbauen – vom einfachen Papierdrachen bis zum spektakulären und leistungsfähigen Riesendrachen, der einen Menschen in die Luft heben kann. Mit einem bißchen handwerklichen Geschick lassen sich nach den schematischen Zeichnungen viele Modelle leicht nachbauen.«
Stuttgarter Zeitung

»Wie bastelt man einen Drachen? Alles Wissenswerte zum Thema Drachenbau vermittelt das DuMont-Bastelbuch. Auf unzähligen Photos und Abbildungen werden die abenteuerlichsten Modelle vorgestellt. Der begleitende Text ist sehr informativ und offensichtlich sorgfältig recherchiert.«
Wir Eltern

DuMont Taschenbücher

Stand Herbst '88

Band 2
Horst W. und Dora Jane Janson
Malerei unserer Welt

Band 3
August Macke – Die Tunisreise

Band 4   Uwe M. Schneede
René Magritte

Band 6   Karin Thomas
**DuMont's kleines
Sachwörterbuch zur Kunst
des 20. Jahrhunderts**

Band 8   Christian Geelhaar
Paul Klee

Band 12   José Pierre
**DuMont's kleines Lexikon
des Surrealismus**

Band 13   Joseph-Émile Muller
**DuMont's kleines Lexikon
des Expressionismus**

Band 14   Jens Christian Jensen
Caspar David Friedrich

Band 15   Heijo Klein
**DuMont's kleines Sachwörter-
buch der Drucktechnik und
grafischen Kunst**

Band 18   Horst Richter
**Geschichte der Malerei
im 20. Jahrhundert**

Band 23   Horst Keller
Marc Chagall

Band 25   Gabriele Sterner
Jugendstil

Band 26   Jens Christian Jensen
Carl Spitzweg

Band 27   Oto Bihalji-Merin
Die Malerei der Naiven

Band 28   Hans Holländer
Hieronymus Bosch

Band 29   Herbert Alexander Stützer
Die Etrusker und ihre Welt

Band 30
Johannes Pawlik (Hrsg.)
Malen lernen

Band 31   Jean Selz
**DuMont's kleines Lexikon
des Impressionismus**

Band 32   Uwe M. Schneede
George Grosz

Band 33
Erwin Panofsky
**Sinn und Deutung in der
bildenden Kunst**

Band 35   Evert van Uitert
Vincent van Gogh

Band 38   Ingeborg Tetzlaff
**Romanische Kapitelle
in Frankreich**

Band 39   Joost Elffers (Hrsg.)
DuMont's Kopfzerbrecher
TANGRAM

Band 44   Fritz Baumgart
**DuMont's kleines Sachlexikon
der Architektur**

Band 45   Jens Christian Jensen
Philipp Otto Runge

Band 47   Paul Vogt
Der Blaue Reiter

Band 55   Kurt Schreiner
Kreatives Arbeiten mit Textilien

Band 56   Ingeborg Tetzlaff
Romanische Portale in Frankreich

Band 57   Götz Adriani
**Toulouse-Lautrec und das Paris
um 1900**

Band 59   Hugo Munsterberg
Zen-Kunst

Band 60   Hans H. Hofstätter
Gustave Moreau

Band 63   Hans Neuhaus
Werken mit Ton

Band 65   Harald Küppers
**Das Grundgesetz der
Farbenlehre**

Band 66
Sam Loyd/Martin Gardner
**Mathematische Rätsel
und Spiele**
Hrsg. von Martin Gardner

Band 67   Fritz Baumgart
»Blumen-Brueghel«

Band 69   Erich Burger
Norwegische Stabkirchen

Band 70   Ernst H. Gombrich
Kunst und Fortschritt

Band 71   José Pierre
**DuMont's kleines Lexikon
der Pop Art**

Band 72   Michael Schuyt /
Joost Elffers / Peter Ferger
**Rudolf Steiner und seine
Architektur**

Band 73   Gabriele Sterner
Barcelona: Antoni Gaudi

Band 74 Eckart Kleßmann
Die deutsche Romantik

Band 76 Werner Spies
Max Ernst 1950–1970

Band 77 Wolfgang Hainke
Siebdruck

Band 78 Wilhelm Rüdiger
Die gotische Kathedrale

Band 80 Rainer Wick /
Astrid Wick-Kmoch (Hrsg.)
Kunst-Soziologie

Band 81 Klaus Fischer
**Erotik und Askese
in Kult und Kunst der Inder**

Band 83
Ekkehard Kaemmerling (Hrsg.)
Ikonographie und Ikonologie

Band 84 Hermann Leber
Plastisches Gestalten

Band 85
Sam Loyd / Martin Gardner (Hrsg.)
**Noch mehr Mathematische
Rätsel und Spiele**

Band 88 Thomas Walters (Hrsg.) /
Gabriele Sterner
Jugendstil-Graphik

Band 89 Ingeborg Tetzlaff
Griechische Vasenbilder

Band 90 Ernesto Grassi
**Die Theorie des Schönen
in der Antike**

Band 91 Hermann Leber
Aquarellieren lernen

Band 93
Joost Elffers / Michael Schuyt
Das Hexenspiel

Band 94 Kurt Schreiner
Puppen & Theater

Band 95 Karl Hennig
Japanische Gartenkunst

Band 99 Bernd Fischer
Wasserburgen im Münsterland

Band 100 Peter-T. Schulz
**Der olle Hansen und seine
Stimmungen**

Band 101 Felix Freier
**Fotografieren lernen –
Sehen lernen**

Band 103 Kurt Badt
Die Farbenlehre van Goghs

Band 104 Wilfried Hansmann
Die Apokalypse von Angers

Band 105 Rolf Hellmut Foerster
Das Barock-Schloß

Band 107 Joost Elffers /
Michael Schuyt / Fred Leeman
Anamorphosen

Band 109 Bernd Fischer
Hanse-Städte

Band 110 Günter Spitzing
Das indonesische Schattenspiel

Band 111 Gerd Presler
L'Art Brut

Band 114 Peter-T. Schulz
Der Kuckuck und der Esel

Band 115 Angelika Hofmann
Ton

Band 116 Sara Champion
**DuMont's Lexikon
archäologischer Fachbegriffe
und Techniken**

Band 117 Rosario Assunto
**Die Theorie des Schönen
im Mittelalter**

Band 119 Joachim Petsch
Geschichte des Auto-Design

Band 120 Gabriele Grünebaum
Buntpapier

Band 121 Renate Berger
**Malerinnen auf dem Weg ins
20. Jahrhundert**

Band 123 Fritz Winzer
**DuMont's Lexikon der
Möbelkunde**

Band 124 Walter Dohmen
Die Lithographie

Band 125 Ulrich Vielmuth /
Pierre Kandorfer (Hrsg.)
**Fachwort-Lexikon
Film · Fernsehen · Video**

Band 126 Christian Kellerer
Der Sprung ins Leere

Band 127 Peter-T. Schulz
Rapunzel

Band 128 Lu Bro
Wie lerne ich Zeichnen

Band 130
Bettina Gruber / Maria Vedder
**DuMont's Handbuch der
Video-Praxis**

Band 131
Anneliese und Peter Keilhauer
Die Bildsprache des Hinduismus

Band 132   Reinhard Merker
Die bildenden Künste im Nationalsozialismus

Band 133
Barbara Salberg-Steinhardt
Die Schrift:
Geschichte – Gestaltung – Anwendung

Band 134   Götz Pochat
Der Symbolbegriff in der Ästhetik und Kunstwissenschaft

Band 135   Karlheinz Schüssler
Die ägyptischen Pyramiden

Band 137   Nikolaus Pevsner
Wegbereiter moderner Formgebung

Band 139   Peter-T. Schulz
Guten Tag!
Eine Gulliver-Geschichte

Band 140   Horst Schmidt-Brümmer
Alternative Architektur

Band 141
Herbert Alexander Stützer
Die Kunst der römischen Katakomben

Band 142   Rudolf Wittkower
Allegorie und Wandel der Symbole in Antike und Renaissance

Band 143   Martin Warnke (Hrsg.)
Politische Architektur

Band 144   Miriam Magall
Kleine Geschichte der jüdischen Kunst

Band 145   James F. Fixx
Rätsel und Denkspiele mit Seitensprung

Band 146
Rose-Marie und Rainer Hagen
Meisterwerke europäischer Kunst
als Dokumente ihrer Zeit erklärt

Band 148   Renée Violet
Kleine Geschichte der japanischen Kunst

Band 149   Lawrence Treat
Detektive auf dem Glatteis

Band 150
Alexandra Lavizzari-Raeuber
Thangkas
Rollbilder aus dem Himalaya

Band 151   Hartmut Kraft
Psychoanalyse,
Kunst und Kreativität heute

Band 153   Ingeborg Ebeling
Masken und Maskierung

Band 154   Hans Biedermann
Höhlenkunst der Eiszeit

Band 156   Herbert Alexander Stützer
Kleine Geschichte der römischen Kunst

Band 157   Paul Maenz
Die 50er Jahre

Band 158
Jack B. Rochester / John Gantz
Der nackte Computer

Band 159   Anita Rolf
Kleine Geschichte der chinesischen Kunst

Band 160
Felix Freier / Norbert Sarrazin
Fotos: Selbst entwickeln –
Selbst vergrößern

Band 163   Harald Küppers
Die Farbenlehre der Fernseh-, Foto- und Drucktechnik

Band 164   Nora Gallagher
Wohnzimmerspiele – alt und neu

Band 165   Renate Berger /
Daniela Hammer-Tugendhat (Hrsg.)
Der Garten der Lüste

Band 167   Eckhard Neumann (Hrsg.)
Bauhaus und Bauhäusler

Band 169   Wolfgang Kemp (Hrsg.)
Der Betrachter ist im Bild

Band 170   Hans Sedlmayr
Die Revolution der modernen Kunst

Band 171   Ernst H. Gombrich
Eine kurze Weltgeschichte für junge Leser

Band 172   Peter Schickele
Die endgültige Biographie des P. D. Q. Bach

Band 173   Eve-Marie Helm
555 Teekessel

Band 174   Abbie Salny /
Marvin Grosswirth
Phantastische Mensa-Rätsel

Band 175   Beatrice Frehn /
Thomas Krings
Afrikanische Frisuren

Band 177   Vittorio Lampugnani
Architektur als Kultur

Band 178   Michael Koulen
Go

Band 180   Walter Dohmen
Der Tiefdruck

Band 181   Stephan Schmidt-Wulffen
Spielregeln

Band 182   Martin Schuster
Kunsttherapie

Band 183   Bazon Brock/Hans Ulrich Reck/
Internationales Design Zentrum Berlin e. V.
(Hrsg.)
Stilwandel

Band 184   Wilfried Hansmann
Balthasar Neumann

Band 185   Manfred Görgens
Kleine Geschichte der indischen Kunst

Band 186   Veruschka und Gábor Bódy
(Hrsg.)
Video in Kunst und Alltag

Band 188   Ralph Tegtmeier
Tarot

Band 189   Marie Luise Syring
Kunst in Frankreich

Band 190   Peter Bolz/Bernd Peyer
Indianische Kunst Nordamerikas

Band 191   Abbie Salny/
Marvin Grosswirth
Das endgültige Mensa-Quiz-Buch

Band 192   Karl-Heinz Koch
. . . lege Spiele!

Band 193   Gerald Kahan
E = mc^2

Band 194   Bernhard Streck (Hrsg.)
Wörterbuch der Ethnologie

Band 195   Wolfgang Hautumm
Die griechische Skulptur

Band 196   Wolfgang Max Faust
Bilder werden Worte

Band 197   Andreas Mäckler (Hrsg.)
Was ist Kunst . . . ?

Band 198   Veruschka Bódy/
Peter Weibel (Hrsg.)
Clip, Klapp, Bum

Band 199   Ingeborg Tetzlaff
**Romanische Engelsgestalten
in Frankreich**

Band 200   Peter-Thorsten Schulz
Ein Glück!

Band 201   Ernst Kitzinger
**Kleine Geschichte der frühmittel-
alterlichen Kunst**

Band 203   Wolfgang Müller
**Kleine Geschichte der
altamerikanischen Kunst**

Band 204   John Sladek
Auf heißer Spur . . .

Band 205   Joachim Knuf
Unsere Welt der Farben

Band 206   Peter Sager
Unterwegs zu Künstlern und Bildern

Band 207   Klaus Lankheit
Revolution und Restauration

Band 208   Robert Wolf
**Konfliktsimulations- und Rollenspiele:
Die neuen Spiele**

Band 209   Hinnerk Topf
Rätsel-Reime   Reim-Rätsel

Band 210   Alfred Stolz
**Schamanen –
Ekstase und Jenseitssymbolik**

Band 211   Marion Milner
**Zeichnen und Malen ohne Scheu:
Ein Weg zur kreativen Befreiung**

Band 212   Toshihiko und Toyo Izutsu
Die Theorie des Schönen in Japan

Band 213   Scot Morris
Rätsel für Denker und Tüftler

Band 214   Karlheinz Schüssler
**Kleine Geschichte der ägyptischen
Kunst**

Band 215   Andreas Mäckler
Was ist Liebe . . . ?

Band 216   Internationales Design
Zentrum Berlin e. V. (Hrsg.)
Simulation und Wirklichkeit

Band 217   Karl-Heinz Golzio
Außereuropäische Kunst in Daten

Band 218   Joachim Petsch
Eigenheim und gute Stube

Band 219   Till Förster
Kunst in Afrika

Band 220   H. A. Ripley
»Wer ist der beste Detektiv?«